KB201931

우리는
기후 위기를
끝낼 거야

일러두기

☆ 표준국어대사전의 원칙에 따라 띄어쓰기를 했습니다. 다만, 선고 낭독문은
　헌법 재판소 홈페이지의 원문 그대로 실었습니다.

☆ 이 책의 본문은 재생 원료를 포함해 만든 친환경 종이로 인쇄했습니다.

대한민국 청소년이 승리한 아시아 최초 기후 헌법 소원

우리는 기후 위기를 끝낼 거야

이병주 글 안난초 그림

다섯 어린이

기후 위기, 정말 끝낼 수 있을까요?

2020년 3월, 매우 중요한 일이 일어났습니다. 한국에서 처음으로 기후 소송이 시작되었거든요. 대한민국의 기후 관련 법률이 국민 전부, 특히 청소년과 어린이들의 권리를 심각하게 침해하기 때문에 헌법에 어긋난다며 청소년들이 헌법 소원을 청구했어요.

처음에 이 소송이 이길 거라고 생각한 사람이 많았을까요? 아니었어요. '기후 소송? 그게 뭔데?' 하며 질 가능성이 크다고 생각하는 사람이 훨씬 많았습니다. 하지만 청소년, 시민, 심지어 아기들까지 힘을 모으자, 헌법 재판소가 기후 소송을 중요 사건으로 인정했어요. 2024년 공개 변론을 두 차례 열었고, 마침내 8월 29일에 위헌 결정을 선고했습니다. 기후 소송 청구인단의 손을 들어 준 것이지요.

이번 판결은 기후 위기의 심각성을 헌법적 사실로 인정하고, 기후 위기 대응이 국가의 의무라고 처음으로 밝혔어요. 또 탄소중립기본법을 개정하라고 명령했습니다. 물론 우리 청구인단의 주장이 모두 받아들여진 것은 아니어서 100퍼센트 만족스러운 판결은 아니었습니다. 하지만, 앞으로 좀 더 노력하면 국회가 법을 개정할 때, 현재의 온실가스 감축 목표를 더 높여서 개선할 수 있습니다. 헌법 재판소가 우리에게 남겨 준 숙제인 셈이지요.

놀랍게도 우리나라는 아시아에서는 처음으로 기후 소송 승소 판결을 만들었습니다. 그것도 대한민국의 청소년들이 앞장서서요. 이 승리가 앞으로 아시아를 비롯한 전 세계의 기후 소송에 큰 힘이 될 것이라며 많은 이들이 기뻐하고 있어요.

여러분에게 한 가지 꼭 하고 싶은 말이 있어요. 기후 위기가 악화되는 속도는 매우 빠르지만, 기후 위기에 대응하는 노력의 속도도 굉장히 빠르다는 것! 악화되는 속도를 시속 120킬로미터라고 한다면, 기후 위기 대응의 속도도 시속 100킬로미터 정도는 됩니다. 이 속도의 차이만큼이 지구에서 살아가는 우리 모두와 미래 세대의 위험이에요. 이 속도 차이를 줄이는 것은 우리 모두의 책임입니다. 기후 소송은 이 차이를 줄이기 위한 노력 중 하나이고요.

기후 위기는 이번 하나의 소송만으로 끝낼 수 있는 게 아니에요. 탄소 중립, 즉 탄소의 순 배출량이 0이 되는 것을 목표로 정한 2050년까지 전 세계 모든 사람이 꾸준하고 끈질기게 노력해야 하지요. 이 책을 통해 우리나라 청소년들이 어떻게 기후 소송을 만들어서 기후 위기 대응을 한 발자국 더 나아가게 했는지, 그 멋진 이야기를 나누려고 합니다.

여러분 한 사람 한 사람의 생각과 몸짓으로 기후 위기를 극복해 낼 수 있다는 소망과 용기를 이 책에서 얻으면 좋겠어요. 이것이 청소년 기후 소송을 담당했던 제가 대한민국의 청소년과 어린이에게 진심으로 품는 헌법적인 소원과 희망입니다.

2025년 5월
청소년 기후 소송 대리인 이병주 변호사

차례

Stage 1

누가 기후 승승을 제기했나요?

TO BE CONTINUED···

소송을 한다고 하면 어떤 것이 필요할까요? 일단 변호사를 찾아가는 장면이 떠오르지 않나요? 제가 일한 25년 동안 대부분은 이처럼 소송을 청구하는 사람이 찾아오면서 사건을 맡게 되었습니다. 그런데 **기후 소송은 제가 먼저 청구인들이 있는 곳을 찾아가면서 시작되었어요.**

어느 날, 동료 변호사가 저를 청소년 기후 소송 캠프에 데려갔어요. 저는 경력을 꽤 오래 쌓아 온 베테랑 변호사이지만 기후·환경 분야의 전문가는 아니었고, 기후 소송은 새로운 분야라 **조금 겁났던 것이 사실입니다.** 그러나 그 캠프에서 크게 감동을 받고, 청소년들이 제기하는 기후 소송에 변호사로 참여하기로 결심하게 되었어요.

지금부터 그 **여정**에 대한 이야기를 들려드릴게요.

21세기는 기후 위기 시대

기후 소송은 21세기 이전에는 거의 제기된 적이 없는 **비교적 새로운 형태의 소송이에요.** 그렇지만 지금은 전 세계 곳곳에서 기후 소송이 활발히 진행되고 있어요. 그럴 수밖에 없는 이유가 있습니다. 21세기는 현재를 사는 모든 사람뿐 아니라 미래를 살아갈 세대(미래 세대)[*]의 삶을 위협하는 기후 위기 시대이기 때문이에요.

이 위기에 제대로 대응해야만 인류의 생존과 사회의 진보가 가능해집니다.

기후 위기가 문제로 떠오른 것은 지금의 청소년과 어린이들이 아직 태어나기 전인 1990년 전후의 일입니다. 전 세계 국가들과 기후 과학자들은 1988년에 기후 변화에 관한 정부 간 협의체(IPCC)를 만들고 기후가 왜 변하는지, 어떻게 대응해야 하는지 등을 논의하기 시작했어요. 그 후 1992년에 유엔기후변화협약(UNFCCC)을 채택하고 1997년에는 교토 의정서를 체결하는 등 온실가스를 줄여 기후 위기를 해결하기 위한 노

● 청소년은 현재 우리 사회를 살아가는 시민입니다. 따라서 기후 위기와 같은 현재의 문제에 직접 영향을 받으며, 이를 해결하기 위해 적극적으로 나설 수 있는 당사자이지요. 이 책에서 청소년을 '미래 세대'라고 말하는 이유는 이 표현이 기후 소송에서 핵심 용어로 쓰였기 때문이에요. 앞으로 '미래 세대'라는 표현은 아직 투표권을 갖지 못한 현재의 아동과 청소년, 그리고 앞으로 태어날 미래의 사람들을 포함하는 뜻으로 이해해 주세요.

력을 이어 가고 있습니다.

처음에는 지구 온도가 급격하게 상승하는 이유가 자연의 이치인지, 아니면 인간의 산업 활동 때문인지를 두고 논란이 있었어요. 그렇지만 21세기에 들어와서는 지구 온도 상승이 인간이 온실가스를 과도하게 배출해 나타난 결과라는 점에 거의 모든 국가와 기후 과학자들이 동의하게 되었습니다.

지금 이 사실을 부정하는 사람들은 **과학적 사실을 알지 못하거나** 또는 아주 **무책임한** 거예요.

2015년 10월에는 역사적인 파리협정이 체결되었습니다. 모든 국가가 지구 평균 온도가 상승하는 것을 **섭씨 1.5도 또는 2도보다 훨씬 낮은 온도** 수준으로 막아야 한다는 지구 온도 목표에 합의했지요. 이 목표는 산업화가 전 세계로 확산된 1850~1900년을 기준으로 정한 것이에요. 이 무렵부터 지구의 온도를 과학적으로 측정하기 시작했거든요.

지구 온도 목표를 지키기 위해 각 국가는 온실가스 감축 목표를 5년마다 스스로 세워서 제출하기로 약속했어요.

**20세기에 인류의 과제가
경제 발전과 민주주의 정착이었다면,
2000년 이후 인류의 가장 중요한 과제로
기후 위기 대응이 등장한 것입니다.**

🐝 기후 세대의 등장

2019년 5월, 제가 참석했던 청소년 기후 소송 캠프에서 청소년들은 기후 위기를 진심으로 걱정하고 있었어요. 소송을 통해 기후 위기를 극복하자며 간절한 소망들을 열띠게 이야기했지요.

지금까지 어른들은 안정된 기후에서 안전하게 살았지만, 지금 커 가는 우리들은 앞으로 펄펄 끓는 뜨거운 지구에서 불안하고 위험하게 살아갈 수밖에 없습니다.

청소년들은 우리의 위기를 스스로 노력해 극복하려고 합니다. 어른들도 기후 변화에 책임감을 가지고 제대로 대응해 주세요!

청소년들이 간절하게 요구하는 이야기를 들으며, 저도 아이가 있는 양육자 입장에서 크게 마음이 움직였습니다.

'아, 이 소송은 말이 되겠구나.'

확신이 가슴을 파고들었지요. 기존의 어른들이 기후 소송을 제기하면 법원은 그동안 많이 있었던 환경 소송 중의 하나처럼 느낄지 모릅니다. 그러나 이 소송은 청소년인 자녀 세대가 어른인 부모 세대에 제기하는 소송이기 때문에 **강력한 호소력**을 가질 거라 생각했어요.

판사들도 자식뻘, 또는 손자뻘인 청소년들이 우리의 미래를 망치지 말아 달라며 기후 소송을 제기했는데, 이를 냉정하게 무시할 수는 없을 것이라는 생각이 들었지요. 실제로 **미래 세대인 청소년, 어린이가 현재 기득권을 가진 세대인 어른들에게 전하는 당당하고 간절한 요구**라는 것이 지금 세계적으로 승소를 이어 가고 있는 기후 소송의 핵심적인 메시지로 자리 잡고 있습니다.

> **21세기를 살아가는 청소년과 어린이들은**
> 세계적 기후 위기의 상황에서 태어나
> 기후 위기를 감당하고 극복해야 하는 일의 **당사자이며,**
> 앞으로 기후 위기 시대를 이끌고 나갈 **최초의 기후 세대입니다.**

파리 협정을 맺은 2015년까지 전 세계적인 기후 위기를 인식하고 그에 대응하기 위해 노력한 사람들은 어른 세대였지만, 기후 위기에 대한 걱정과 불안감은 아무래도 미래를 살아갈 청소년, 어린이 세대만큼 민감하고 크지 않았습니다. 저를 비롯한 기성세대들은 기후 위기로 인한 피해를 크게 입지 않은 상태에서 이미 인생의 절반 정도를 살았기 때문이지요. 미안한 얘기지만, 어쩔 수 없는 현실입니다.

전 세계 국가들은 18~20세를 전후로 성년을 정하고 국민으로서의 선거권과 피선거권을 인정합니다. 우리나라는 만 19세를 성년으로 정하고 만 18세가 넘은 사람에게 선거권을 줍니다. 그러니 사회 정책에 관한 결정도 대부분 성인들이 하지요.

기후 위기의 피해를 많이 받게 될 청소년들은 기후 위기에 대응하는 일에 목소리를 낼 수 없고, 위험에 둔감한 어른들만 모든 일을 결정하고 처리하는 상황. 무언가 이상하지 않나요?

그래서 기후 세대가 이제 더는 구경만 하지 않고, 직접 위기를 극복하기 위한 해결의 주체로 나서게 된 것입니다.

많은 사람이 알고 있는 스웨덴의 청소년 그레타 툰베리는 15세였던 2018년 8월 20일 등교를 거부하고 스웨덴 국회 앞에서 1인 시위를 벌였어요. 이후 이 시위는 매주 금요일마다 이어졌고요. 환경 파괴에 침묵하고 기후 위기 대응에 적극적이지 않은 정치인과 어른들에게 항의하는 의미였지요.

이를 계기로 기후 위기에 대해 고민하고 답답해하던 전 세계의 청소년들이 곳곳에서 기후 행동을 펼쳤어요. 그리고 우리나라의 청소년들도 이런 세계적인 움직임에서 중요한 역할을 했습니다.

대한민국의 기후 소송 청구인, 청소년

2018년 여름 우리나라는 폭염에 신음하고 있었습니다. 이런 기후 이변을 바라만 보고 있을 수 없다고 생각한 대한민국의 청소년들이 '청소년기후행동'이라는 이름으로 모였습니다. 그리고 기후 소송을 제기하고자 이야기를 나누었어요.

기후 위기에 대응하는 방법으로 소송을 선택한 것입니다.

만일 이 운동이 처음에 청소년 기후 소송이라는 논의로 출발하지 않았다면, 우리나라의 기후 소송은 본격적으로 시작되지 않았을 수도 있어요. 청소년기후행동이 제안한 기후 소송이라는 말과 생각은 아주 좋은 아이디어였던 것이지요. **하나의 좋은 생각과 그에 따른 조그만 몸짓이 세상을 바꾸게 된 것입니다.**

2018년 10월에 청소년들은 인천 송도에서 열린 IPCC 총회 장소 앞에서 기자 회견을 열었습니다. IPCC에서 발행하는 보고서는 전 세계 국가가 기후 대응 정책을 만드는 데 가장 중요한 자료로 쓰여요. 이 자리에서 청소년이 기후 변화 문제에 목소리를 내게 된 이유와 기후 소송으로 이루고자 하는 것, IPCC에 바라는 점, 대한민국 정부에 바라는 점을 조목조목 이야기했습니다.

IPCC의 사무총장과 총회 의장은 직접 나와서 "대한민국 청소년들의 요청에 책임을 다하겠으며, 활동을 응원합니다."라고 격려했습니다. 많은 외신 기자들도 이 모습을 흥미롭게 지켜보았지요.

이처럼 우리나라의 청소년이 기후 세대로서 목소리를 높이기 시작한 때는 2018년 8월 18일입니다.

놀라지 마세요.

그레타 툰베리의 영향으로 우리나라 청소년들의 기후 운동이 시작된 게 아닙니다. 한국 청소년들의 기후 행동은 그레타 툰베리의 등교 거부 시위가 시작된 2018년 8월 20일보다도 **이틀 먼저** 시작된 것이에요. 그래서 **우리나라의 청소년 기후 소송은 세계적으로도 아주 의미가 크고 시간적으로도 선구적인 기후 운동이라고 할 수 있습니다.**

청소년기후행동은 다양한 활동을 펼치며 준비를 해 나갔습니다.

그리고 2020년 3월 13일, 대통령과 국회를 상대로 청소년 기후 소송을 제기했지요.

이는 곧바로 전 세계적으로 중요한 기후 소송으로 주목을 받았습니다. 특히 청소년들이 **직접 주인공이 되어 만든 소송**이라는 점에서 그 의미가 깊었어요.

또 다른 청구인: 아기들과 시민들, 그리고 여러분

2021년 가을에는 시민 단체들과 녹색당이 **시민 기후 소송**을 제기했습니다. 2022년 여름에는 영유아 아기들을 청구인으로 하는 **아기 기후 소송**이 더해지며 대한민국 기후 소송의 대열을 더욱 넓혔지요.

아기 기후 소송은 처음에 진짜 어린 아기들만 청구인으로 하려고 했어요. 그런데 아기들의 형·누나, 언니·오빠인 초등학생 어린이들이

"아기만 하지 말고, 우리도 넣어 주세요!"

라고 요구하여 아기들과 어린이들이 함께 하는 기후 소송이 되었어요. **세계 최초의 아기 기후 소송**으로 전 세계적인 뉴스가 되기도 했지요.

우리나라의 기후 소송은 특별히 청소년과 시민, 아기와 어린이까

지 각각 목소리를 내며 함께 힘을 합쳐 이룬 것입니다. 세계적으로도 가장 **폭이 넓은** 기후 소송이었지요. 헌법 재판소에 제출한 청구서에 적힌 청구인의 수는 255명이지만, 기후 위기로 고통받는 대한민국의 모든 청소년들과 모든 시민들, 모든 아기들과 어린이들이 이번 기후 소송의 청구인이라고 할 수 있습니다.

지금 이 글을 읽고 있는 여러분도 사실은 대한민국 기후 소송의 청구인 중 한 사람인 것이지요.

🐦 누가 소송에 참여할 수 있을까?

소송은 재판을 통해 권리나 의무가 있는지 없는지를 법으로 가려 줄 것을 법원에 요구하는 것입니다. 소송의 주체가 되는 사람을 '당사자'라고 합니다. 당사자는 법적인 권리와 의무를 갖지요.

소송에서 스스로 권리와 의무를 주장하거나 방어하려면 '소송 능력'이 필요합니다. 우리나라에서는 만 19세 이상의 성년이 소송 능력을 가지며, 혼자서 소송을 진행할 수 있다고 법으로 정했어요.

만 19세 미만인 미성년자는 소송 능력이 없기 때문에, 법정 대리인의 도움을 받아야 소송에 참여할 수 있어요. 이때는 법정 대리인이 미성년자를 대신해서 소송을 진행하게 됩니다.

아기 기후 소송의 경우, 청구인 중에 아직 태어나지 않은 태아가 있었어요. 그 청구인은 '딱따구리'라는 태명으로 소송을 제기했지요. 그래서 외국에는 딱따구리 소송(Woodpecker Case)이라는 재미있는 이름으로 알려졌습니다.

태아가 청구인이 될 수 있는지 없는지는 헌법 재판소에서 아직 다루어지지 않았던 흥미로운 이슈였어요. 그런데 2022년 아기 기후 소송이 제기될 때 20주 태아였던 딱따구리가 2024년 기후 소송 판결 전에 태어나면서, 자연히 이 쟁점은 사라졌습니다.

청소년 기후 소송의 청구인들도 청구서를 제출할 당시는 아직 만 19세가 안 되었기 때문에 법정 대리인 부모님의 위임장을 받아서 소송에 참여했어요. 그 후 판결을 받는 4년 동안 대부분 성년이 되었습니다.

외국인이나 자연물도
당사자가 될 수 있을까?

헌법 소송은 기본적으로 대한민국 국민으로, 헌법에서 보장된 기본권을 침해당한 사람이 청구할 수 있습니다. 그러나 헌법 재판소는 외국인에게도 인간의 존엄과 가치, 행복 추구권과 같은 보편적인 인권에 해당하는 기본권에 대해 청구인 자격을 인정해야 한다고 판결했어요. 이에 따라 외국인 노동자나 난민도 인권을 보호받아야 하는 경우 소송의 당사자가 될 수 있습니다.

자연물을 소송의 당사자로 내세우는 경우도 있습니다. 뉴질랜드에서는 오랜 논쟁 끝에, 황거누이강에 인간과 동등한 법적 권리를 부여하는 법률이 제정되었어요. 이로써 황거누이강을 더 잘 보존할 수 있게 되었지요.

살아 있는 사람인 '자연인', 주식회사나 사단법인 같은 사람들의 단체인 '법인'은 우리나라 법에서 법적 권리와 의무를 갖는 법적 주체로 인정하고 있어요. 그러나 동물이나 자연물에 대해서는 아직 법적 주체로서 권리나 의무를 인정하고 있지 않지요.

기후와 환경, 동물에 대한 관심이 점점 커지면서, 이제는 동물과 자연물까지도 법적 주체로 인정하고 보호하자는 목소리가 점점 높아지고 있습니다. 우리나라에서도 도롱뇽이 고속 철도 공사를 반대하는 소송의 원고가 되기도 했어요. 또 일본 오염수 방류를 반대하는 헌법 소원의 청구인으로 고래가 포함되기도 했답니다.

 # 기후 위기 시대에 앞으로
어떤 당사자가 등장하게 될까요?

Stage 2

왜 기후 소송이 필요했나요?

OH! MY GOODNESS!

　　2024년 여름은 우리나라 역사상 가장 뜨거운 계절이었습니다. 그해 6월과 8월의 평균 기온은 대한민국의 기상 관측이 시작된 이래로 1위를 기록했어요. 올림픽 경기의 신기록은 좋은 소식이지만, 더위로 신기록을 세우는 것은 결코 반가운 소식이 아니지요?

　　매일매일 더 더웠고, 낮에만 더운 것이 아니라 밤에도 계속 더웠습니다. **지구 온도 상승의 영향이 우리 생활 속에서 점점 더 강력하게 느껴지고 있어요.**

　　이대로 계속 되면 뜨거워진 지구가 펄펄 끓게 되고, 21세기 안에 **우리가 알던 푸른 지구는 더 이상 없을 것입니다.**

빙하가 녹아 해수면이 높아지고, 빈번한 산불과 폭염으로 붉은 지구, 사람들이 살기 어려운 세상이 될 거예요.

"에이, 설마 그런 세상이 오겠어?"라고 묻는 사람도 있겠지요.

하지만 지금 우리가 아무것도 하지 않으면, 그런 세상은 옵니다!

2020년부터 전 세계에 확산된 코로나19 바이러스로 마음대로 외출도 못하고, 마스크를 안 쓰면 모임도 할 수 없었습니다. 청소년들은 학교에도 갈 수 없었지요. 21세기의 한복판에 바이러스 하나 때문에 전 세계 경제와 사회 활동이 모두 멈춰 버리는 비상 상황이 생길 거라고 예상한 사람은 아무도 없었습니다.

21세기 안에 지구 온도가 2도 이상 올라가는 상황은 코로나19 팬데믹과 같은 엄청난 위기입니다.

아니, 더 나쁜 것은!

코로나19 유행은 백신이 개발된 후 잦아들었지만, 지구 온도 상승으로 인한 기후 위기는 3~4년 정도 지난다고 멈추는 게 아니라는 사실이에요. 해가 갈수록 더 심해지지요.

코로나19 위기를 해결하기 위해 백신을 개발했듯 우리에게는 기후 위기를 극복하고 평범한 일상을 지키기 위한 기후 백신 같은 것이 필요합니다.

🐝 기후 위기의 원인은?

기후 위기를 막아 줄 기후 백신은 과연 어디에 있을까요? 코로나 19 백신은 질병의 원인이 되는 바이러스를 해결하는 것이었습니다. 마찬가지로 **기후 백신은 기후 위기의 원인을 해결하는 것이어야 합니다.**

기후 위기의 원인은 지구 온도의 상승입니다. 그렇다면 지구의 온도는 왜 올라갈까요? 온실가스가 지구에 열을 너무 많이 가두기 때문입니다. 대표적인 온실가스인 이산화탄소는 대기 중에 한번 배출되면 **100년 이상 머물며 점점 쌓이게 돼요.** 과다하게 배출된 온실가스 때문에 기후가 변해 인류는 위기를 맞은 것이지요.

온실가스는 어디서 배출될까요? 환경부에서 발표한 자료에 따르면 에너지 발전, 각종 산업, 교통과 운송, 가정, 농업과 축산, 폐기물 순으로 온실가스가 많이 배출돼요. 이처럼 경제 활동과 일상생활을 하며 내뿜는 온실가스가 기후 위기를 만든 주범이에요.

온실가스 배출을 줄이지 않으면? 지구 온도가 2도 이상 올라가서 기후 시스템이 한계에 도달하게 됩니다. 그럼 지구는 인류가 살기 힘든 곳으로 변할 거예요.

온실가스 배출을 대폭 줄이면? 지구 온도 상승을 1.5도 정도로 제한해서 우리가 살아갈 만한 비교적 안전한 지구를 유지할 수 있어요.

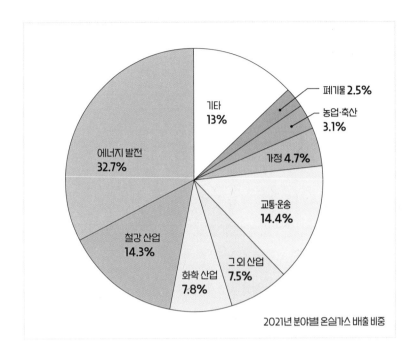

에너지 발전
32.7%

기타
13%

폐기물 2.5%

농업·축산
3.1%

가정 4.7%

교통·운송
14.4%

철강 산업
14.3%

그외 산업
7.5%

화학 산업
7.8%

2021년 분야별 온실가스 배출 비중

결국 온실가스 배출을 줄이는 것이 기후 위기의 해결책입니다. 그러기 위해서 우리는 어떤 노력을 해야 할까요?

우리 손으로 당장 할 수 있는 것

우리가 일상생활에서 일회용품을 쓰지 않기 위해 텀블러를 사용하고, 분리배출을 잘하는 것은 온실가스 배출을 줄이고 기후 위기를 막기 위한 중요한 노력입니다. **물건을 생산하고 폐기할 때에도 온실가스가 발생하기 때문이지요.**

육식 대신 채식을 많이 하는 것도 큰 도움이 됩니다. 전 세계에서 키우는 소 10억 마리가 되새김질하면서 뿜어내는 방귀와 트림에서 메탄가스가 배출되는데, 메탄가스는 이산화탄소보다 강력한 온실가스거든요.

메일함을 수시로 정리하고 클라우드에서 안 쓰는 파일을 삭제하면 데이터 센터의 에너지 소비를 줄일 수 있어요. 또 냉난방기를 덜 틀어 에너지를 아끼면 온실가스 발생을 줄일 수 있습니다.

자가용을 타지 않고 대중교통을 이용하는 것, 자전거를 타거나 걸어 다니는 것 또한 온실가스 감축에 도움이 됩니다. 로컬 푸드 등 지역의 생산물을 이용해 운송 과정에서 나오는 온실가스를 줄이는 것도 지구 온도를 낮추기 위한 좋은 실천이지요.

이렇게 우리 생활과 밀접한 곳에서 발생하는 온실가스를 모두 합치면 **25퍼센트** 정도입니다. 일상에서 온실가스를 줄이기 위한 방법들을 최대한 실천한다면, 전체 배출량의 4분의 1 정도를 줄일 수 있는 것이지요.

우리의 일상 속 실천들은 개인용 기후 백신이라고 할 수 있어요.

이런 노력을 이미 해 왔다면 더 열심히 하고, 아직 하지 않고 있다면 지금부터 시작해야 합니다.

나머지 온실가스는 어쩌지?

문제는 개인적 노력만으로는 온실가스를 충분히 줄일 수 없다는 것입니다. 예를 들어, 폐기물 부문에서 줄일 수 있는 온실가스가 최대 2.5퍼센트인데, 전국 발전소에서 배출하는 온실가스는 이보다 열 배 이상 많은 양으로, 전체 온실가스 배출량의 30퍼센트가 넘습니다.

집에서 줄일 수 있는 온실가스는 다 줄여도 5퍼센트 이하인데, 철강과 화학 등 여러 산업에서 배출하는 양은 그 여섯 배로, 전체의 30퍼센트를 넘고요.

우리가 일상생활에서 아무리 열심히 노력해도 더 큰 비중을 차지하는 에너지 발전이나 철강, 화학 등 산업 부문에서 뿜어내는 온실가스를 줄이지 못한다면 지구 온도 상승을 막는 것은 불가능합니다. 우리가 처한 냉혹하고도 분명한 현실이지요.

우리가 사는 지구라는 집에 기후 위기라는 불이 났습니다.
이 불은 우리가 생활하는 **가정** 방에서도 나고
그 옆에 더 큰 방인 **산업** 방에서도 났습니다.
우리는 열심히 **가정** 방에 난 불을 끄고 있습니다.
그런데, 옆 방인 **산업** 방에 난 불을 끄지 않으면,

지구라는 집이 괜찮을까요?

# 큰 굴뚝의 온실가스 배출을 멈추려면

기후 위기를 해결하려면 발전소와 공장에서 나오는 온실가스를 **획기적으로** 줄여야 합니다. 앞에서 살펴봤듯 온실가스 대부분이 여기에서 나오기 때문입니다.

그런데 발전소와 공장은 우리가 어떻게 할 권한이 없잖아요? 그 앞에 가서 "온실가스 배출을 하지 말라!"라며 매일 시위할 수도 없고, 그런다 해도 발전소나 공장을 운영하는 사람들이 "예, 알았습니다." 하며 곧바로 온실가스 배출을 멈출 리도 없지요. 오히려 기업들은 "내 사업을 하는데 왜 참견하고 방해를 합니까?"라고 묻겠지요.

여러분은 뭐라고 대답할 건가요? 그냥 물러나야 할까요? 무슨 방법이 없을까요?

온실가스 배출을 막지 못하면 지구 온도의 상승으로 모든 사람이 피해를 입고, 특히 미래에 더 나빠진 기후에서 살아야 하는 청소년들은 더 큰 위험에 처하잖아요.

이대로 가만히 있을 수는 없습니다!

온실가스 배출 산업은 기후 위기의 가해자이고, 청소년을 비롯한 모든 국민들은 기후 위기 상황에 처한 피해자입니다. 피해자들은 가해자들에게 가해 행위를 멈추라고 주장할 정당한 권리가 있지요.

그렇다면 어떻게 발전소와 공장이 온실가스 배출을 멈추거나 줄이도록 만들 수 있을까요? 기업의 온실가스 배출이 어느 한 사람의 일로 끝나지 않고, 전 국민과 미래 세대에게 공적인 피해를 가져다주는 일이라면, **해결책도 사회적이고 공적인 방법으로 만들어야 합니다.** 그 방법은 바로 **기후 법률과 기후 소송**입니다.

기후 법률이 필요한 이유

많은 사람들이 기후 위기가 심각하다고 말해요. 또 거의 모두가 기후 위기에 잘 대응하기 위해 노력해야 한다는 주장에 공감하고요. **그런데 말과 공감만으로는 기후 위기가 해결되지 않습니다.**

그렇기 때문에 국가적으로 기후 위기를 해결하기 위한 법률이 필요합니다. 법률에는 그 나라의 모든 국민과 기업이 어떤 일을 하도록 강제할 수 있는 힘이 있기 때문이에요.

기업들이 온실가스를 계속 배출하려고 해도, 기후 법률을 만들면 이를 막을 수 있어요. 기후 법률 아래, 우리나라 정부와 모든 기업들은 온실가스 배출을 줄여야 할 법적 책임을 지게 되지요. 탄소를 많이 배출하는 기업은 온실가스 감축 목표를 정해야 하고, 목표를 달성하지 못할 경우 정부가 내리는 개선 명령에 따라야 하며, 이를 실행하지 않으면 불이익을 받게 됩니다. 이제 기업이 "왜 내 사업을 하는데 온실가스를 줄이라고 간섭합니까?"라고 묻는다면, 기후 법률을 근거로 당당하게 요구할 수 있게 되는 거예요.

기업은 ○○법의 ○○조항에 따라서 온실가스 배출을 줄여야 하는 법적 의무가 있습니다. 법을 위반하지 마세요!

    기후 위기에 관한 법은 먼저 국제법이 생기고, 국내법은 그다음에 생겼어요. 국내법은 각 국가 안에서 강제력이 있지요. 기후 위기에 대한 인식이 없거나 약했던 20세기에는 기후 법률을 가진 나라가 거의 없었습니다. 그런데 기후 위기에 대한 인식이 생겨나며 2010년 우리나라 국회는 저탄소녹색성장기본법을 만들었고, 2021년에 이를 탄소중립기본법으로 바꾸었어요.

    저탄소녹색성장기본법은 대한민국 정부와 기업들이 온실가스(탄소)를 줄여야 한다는 방향을 처음으로 제시한 것에 의미가 있습니다. 나아가 **탄소중립기본법은 2050년까지 순 탄소 배출을 0으로 만들어서 지구 온도 1.5도 이상의 상승을 막겠다는 목표를 제시했어요.** 우리는 이 기후 법률을 제대로 만들고 잘 실행해서 기후 위기를 해결하려는 노력이 국가와 산업 차원에서도 효과적으로 이루어지도록 만들어야 합니다.

국회는 기후 위기 대응을 위한 법을 만드는 역할을
정부는 그 법을 정책으로 잘 실행해 옮기는 역할을
사법부는 기후 법률이 잘 지켜지지 않을 때 책임을 묻는 역할을
충실히 맡아야 합니다.

그러면 산업 부문에서 발생하는 **60퍼센트가 넘는** 온실가스를
줄여서 우리나라는 기후 위기에 성공적으로 대응할 수 있을 것입니다.

🐝 기후 법률이 불량이라면?

우리나라에는 이미 2010년부터 국회가 만든 기후 법률이 있었으니, 기후 위기에 잘 대응해 왔을까요?

실상은 그렇지 않습니다. 이 기후 법률에는 미흡한 점이 많았어요. 그래서 정부와 기업에서 온실가스 배출을 줄이기 위한 노력을 제대로 하지 않았고, 아무런 법적 책임도 지지 않았지요. 저탄소녹색성장기본법, 탄소중립기본법은 **불량 기후 백신**이었던 거예요.

왜 이런 일이 생긴 걸까요?

그 이유 중 하나로 정치의 문제를 들 수 있습니다. 입법부의 국회의원과 행정부의 대통령은 선거를 통해서 뽑아요. 이들은 보통 4년이나 5년의 짧은 기간 동안 나랏일을 하고, 그다음에는 다시 선거를 치러, 다른 사람으로 바뀌는 경우가 많습니다.

그 결과 **오랜 시간 공을 들여 해결해야 하는 기후 문제는 우선순위에서 밀리게 됩니다.** 또 임기 중에 기후 위기 대응과 온실가스 감축에 드는 비용을 줄이고, 사회적 부담을 회피하려는 태도가 생길 수도 있어요. 그래서 국회나 정부는 단기적인 목표를 소극적으로 잡거나, 이미 세워 놓은 목표를 달성하는 데에도 별로 노력하지 않게 되는 것이지요.

실제로 정부가 지난 2010년에서 2020년까지 법에서 정한 온실가스 감축 목표를 전혀 이행하지 않고 폐기해 버린 일이 있었습니다.

그리고 여전히 정부는 온실가스 감축 정책을 아주 느슨하게 세우려고 하지요.

입법부와 행정부가 표를 얻기 위해 눈치를 보면서 기후 문제를 소홀히 하는 것을 기후 위기 대응에 관한 정치의 실패라고 합니다.

기껏 만든 산업용 기후 백신이 기후 위기라는 병을 고치기에는 한참 부족한 불량품이었어요. 포장은 그럴듯한데, 막상 내용물을 뜯어 보니 약효가 시원치 않았던 거예요.

이렇게 국회와 정부가 만든 법률과 정책이 제 기능을 하지 못할 때, 이를 바로잡을 수 있는 제도가 있습니다. 민주주의 국가의 삼권 분립 기관 중 하나인 사법부를 이용하는 것입니다. **기후 소송을 제기해 법률의 한계를 고치고, 정부가 기후 위기에 적극적으로 대응하도록 만드는 것이지요.** 우리나라에는 불량 법률을 고칠 수 있는 헌법 재판소와 헌법 소원이라는 제도가 있어서 더욱 조건이 좋았어요.

🐝 세대 간 불평등한 기후 위기

개인용 기후 백신으로서 재활용, 채식, 에너지 절약, 대중교통 이용 등은 어린이나 어른 할 것 없이 누구나 실천할 수 있는 일이에요. 어쩌면 어른들보다 기후 세대인 청소년과 어린이들이 더 적극적으로 잘 하고 있을지 모릅니다. 한편 산업용 기후 백신인 법률과 정책을 만드는 일에서는 **청소년들이 아주 불리한 여건을 가지고 있어요.**

법을 만드는 국회 의원과 법을 집행하는 정부의 대통령이 될 수 있는 피선거권을 가진 사람들은 성인들이고, **청소년과 어린이 대부분에게는 국회 의원과 대통령을 투표로 뽑을 수 있는 선거권조차 없기 때문입니다.**

그런데 기후 위기를 잘 해결하지 않으면 앞으로 청소년들이 어른들보다 더 큰 어려움에 처하게 됩니다. 세대 간에 불평등이 생기는 것이지요.

첫 번째로 가장 심각하고 억울한 불평등은 현재 어른 세대가 온실가스를 대량으로 배출해 왔음에도, 그 결과 지구가 뜨거워져 발생하는 피해는 앞으로 10년, 20년 후를 살아갈 청소년과 어린이들이 고스란히 떠안게 된다는 거예요. **원인은 어른들이 만들었는데, 결과는 아이들이 감당하는 불공평한 구조**입니다. 모든 부모가 자녀를 사랑한다고 하지만, 아이들을 위험에 빠뜨릴 온실가스를 열심히 배출하고 있다는 사실은 비극적인 아이러니예요.

두 번째 불평등은 지금의 어른 세대가 온실가스를 마음껏 배출하며 비교적 편리한 삶을 누리는 반면, **청소년과 어린이들은 앞으로 온실가스를 거의 배출하지 않으면서 불편한 삶을 살아가야 한다는 점**입니다. 이러한 **편리함의 불평등**의 핵심에는 탄소 예산이라는 개념이 있어요.

탄소 예산은 지구 온도 상승을 특정 한도로 제한하기 위해 인류가 추가로 배출할 수 있는 온실가스의 총량을 의미해요. 어른 세대가 이 예산의 대부분을 써 버린다면, 다음 세대는 남아 있는 아주 적은 탄소 예산으로 빠듯하게 살아가야 하는 것이지요.

청소년과 어린이들은 가장 큰 피해를 가장 오래 겪을 비극의 주인 공들임에도 불구하고, 기후 위기와 온실가스 배출을 막기 위한 법률을 만들고 그 법을 집행하는 일에 대해서는 아무런 권리도 참여할 방법도 없다는 것은 **중대한 문제**입니다.

만일 기후 위기에 대해 절박한 위기감을 가진 기후 세대가
기후 법률을 만들고 집행하는 일에 참여할 수 있다면
지금보다 훨씬 강력한 온실가스 감축 목표를 만들고
제대로 실천할 수 있을 것입니다.

이러한 상황에서 청소년들이 민주적으로 참여할 수 있는 가장 적극적이고 효과적인 방법이 **기후 소송을 제기하는 것이었어요.** 청소년들에게 재판을 청구할 자격은 있기 때문이지요. 그래서 지금도 세계 각국에서 많은 청소년들이 기후 소송을 제기하고 있답니다.

기후 관련 국제법은 20세기 후반부터 현재까지 꾸준히 발전하며 기후 변화에 대응하기 위한 중심축 역할을 했어요. 이러한 국제법과 그와 관련된 기구를 이해하면 국제 활동의 흐름을 파악할 수 있을 뿐만 아니라 언론 기사에 자주 등장하는 핵심 용어들의 의미도 쉽게 알 수 있습니다.

유엔기후변화협약 (UNFCCC)

1992년 6월 세계 환경의 날을 맞아 브라질의 리우데자네이루에서 세계 각국 정상들과 민간 단체들이 모여 지구 환경 보전 문제에 대해 회의를 했어요. 여기서 유엔기후변화협약이 채택되었지요. 이 협약은 국제법의 기본 형태인 조약으로 만들어졌어요. 2025년에는 198개국이 당사국으로 참여하고 있답니다.

유엔기후변화협약은 기후 변화의 원인에서 인간의 활동이 중요한 부분을 차지한다는 점과, 이러한 인간 활동에 대해 적절한 조치를 취함으로써 온실가스 농도를 안정시켜야 한다는 점에 대해 국제적 합의를 이루어 냈습니다. 또한 참가 당사국들에게 기후 변화에 대응하기 위해 노력할 국제법적 의무를 부과했어요.

교토의정서

유엔기후변화협약의 구체적 이행 방안으로 선진국의 온실가스 감축 목표치를 정한 국제 조약입니다. 1997년 12월 일본 교토에서 개최된 3차 당사국총회에서 채택되었기 때문에 교토의정서라고 부르게 되었어요.

교토의정서는 38개 선진국에 2008~2012년 동안 1990년 대비 8~10

퍼센트 온실가스 배출을 줄이라고 했어요. 우리나라는 1990년대 중반까지는 선진국 단계에 들어가지 않은 것으로 평가되어서 교토의정서에서 정한 감축 의무는 없어요.

2012년 카타르 도하에서 열린 18차 당사국총회에서 2013년부터 2020년까지 온실가스를 1990년에 비해 25~40퍼센트 감축하기로 합의했어요. 그런데 미국, 러시아, 일본, 캐나다 등 온실가스를 많이 배출하는 국가들이 불참했다는 큰 한계가 있었지요.

그래도 유럽 연합의 국가들은 교토의정서의 약속을 잘 지켜, 1990년 대비 온실가스를 줄이기 위해 상당한 노력을 기울였다는 성과도 있어요.

 파리협정

교토의정서의 한계를 극복하기 위해 2015년 파리에서 열린 21차 당사국총회에서는 195개국이 참여하여 파리협정이라는 역사적인 결과물을 만들었어요. 우리나라는 2016년에 국회에서 파리협정을 국내법과 똑같은 효력을 가지는 것으로 인정하였지요.

파리협정에는 중요하고도 큰 성과가 두 가지 있습니다. 첫째는 기후 위기로 인한 파국을 막기 위해, 1850~1900년대에 비해서 섭씨 1.5도 또는 2도보다 훨씬 낮은 수준으로 지구 온도 상승을 막아야 한다는 지구 온도 목표에 모든 국가가 동의한 것이에요.

둘째는 개발도상국과 선진국을 구분하지 않고 모든 참가국이 국가별 기여 방안을 제출해, 자발적으로 감축 목표를 설정하고 정기적으로 점검을 받도록 한 것입니다. 2015년 이후의 국제적인 기후 변화 대응 노력은 기본적으로 파리협정을 근거로 해서 이루어지고 있어요.

기후 변화에 관한
정부 간 협의체 (IPCC)

1988년 11월에 설립된 IPCC는 인간의 활동이 기후 변화에 미치는 영향을 분석하고, 기후 변화에 관련된 과학적·기술적 사실을 평가해 알리는 목적으로 활동하고 있습니다. 모든 참가국의 정부가 IPCC 보고서에 서명을 해서 그 결과를 인정하기 때문에, 이 보고서는 전 세계적으로 가장 권위 있는 국제법적 자료로 활용되고 있어요.

IPCC 보고서의 연구 결과에 대해서는 대한민국 정부도 100퍼센트 인정하고 과학적인 사실로 받아들입니다. 우리나라 기후 소송에서도 기후 위기 상황을 설명할 때, 이 보고서를 가장 중요한 자료로 제출했어요.

 ## 유엔기후변화협약 당사국총회 (COP)

유엔기후변화협약은 최고 의사 결정 기구로 당사국총회를 매년 열어요. 1차 당사국총회는 1995년 독일 베를린에서 열렸고, 2024년에는 아제르바이잔의 바쿠에서 29차 당사국총회가 열렸습니다. 3차 당사국총회에서는 교토의정서가 체결되었고, 21차 당사국총회에서는 파리협정이 체결되었으니, 유엔기후변화협약 당사국총회는 전 세계 국가들이 기후 위기에 대해 논의하는 가장 중요한 국제회의라고 할 수 있지요.

 **전 세계 국가가 기후 관련 국제법을 더 잘 만들고, 잘 지키게 하려면 무엇이 필요할까요?**

Stage 3

어떻게 기후 슴슴을 만들었나요?

WHAT?

　기후 소송은 **들어 본 적도 없고 해 본 적도** 없는 전혀 새로운 분야의 소송이었습니다. 시험에서 어려운 문제를 만나면 괴로운 것처럼, 변호사도 소송을 법률적으로나 논리적으로 어설프게 만들면 인생이 괴로워져요. 재판을 시작하면 길게는 몇 년 동안 사건을 수행하는데, 법정에서 판사들에게 제대로 답변하지 못해 민망하고 의뢰인들에게도 할 말이 없어요. 승소 판결을 받기도 어려워지고요.

　아마 그래서인지 처음에는 청소년 기후 소송을 맡아서 진행하려는 변호사가 많지 않았습니다. 우리나라에 아직 없던 주제라서

기후 소송? 그게 도대체 뭔데? 어떤 내용으로 진행할 수 있을까?

이길 수는 있어? 어차피 지지 않을까?

이런 부정적인 물음표들이 수없이 따라붙었어요. 그래도 어쩌겠습니까? 용감하게 사건을 맡았으면 씩씩하게 해 봐야지요! 그래서 저희 변호사들은 청소년들과 함께 **한국에서는 한 번도 없었던 기후 소송 만들기를 시작했습니다.**

🐝 어떤 종류의 소송으로 할까?

기후 소송이라는 말 자체는 기후 위기에 관한 소송이니까 민사 소송, 형사 소송, 행정 소송, 헌법 소송 중 어떠한 형태로든 소송을 제기할 수 있었습니다.

다만 이길 확률이 가장 높고, 판결의 영향력이 커서 기후 위기 대응이라는 궁극적인 목표를 이뤄 줄 소송을 선택하는 것이 필요했지요. 목표와 대상에 따라 소송의 종류를 신중하게 정하는 일은 중요합니다. 그래야 최종 판결에서 이겨 원하는 바를 이룰 수 있기 때문이에요.

먼저 기후 소송이 형사 소송의 모습을 띤다면, 기후 위기 대응에 지장을 주거나 기후 위기를 악화시킨 사람이나 기업을 처벌하기 위해 고소, 고발해야 합니다. 하지만 **기후 소송의 최우선 목표**는 온실가스 감축을 위해 제도를 바꾸고 정부가 대응을 더 잘하도록 만드는 것이었어요. 그러니 형사 소송을 통해 특정 개인이나 기업에 책임을 묻는 것은 우리의 목표에 적합하지 않았지요.

행정 소송은 정부에 대한 소송이어서 그동안 환경 문제를 다룰 때 많이 사용되었습니다. 그러나 기후 위기는 특정 시설이나 지역을 넘어 **전 세계에서** 벌어지는 큰 문제이며, **모든 세대와 사람들에게** 영향을 미치는 이슈예요. 따라서 특정 지역이나 시설을 대상으로 하는 행정 소송은 기후 위기의 광범위한 영향을 다루기에는 영향력이 작다는 한계가 있었어요.

민사 소송으로는 오염 물질을 발생시켜 건강에 피해를 주는 사람이나 기업을 대상으로 손해 배상을 청구하거나, 피해를 주는 활동을 중단하도록 요구할 수 있습니다. 온실가스 배출 때문에 국민과 청소년의 건강에 피해가 발생했으니, 기업과 정부를 대상으로 손해 배상과 온실가스 배출 금지를 청구하려고도 생각해 보았어요.

　　그런데 우리나라에서는 이미 2010년대에 미세 먼지와 배기가스 배출로 피해를 입은 사람들이 정부와 자동차 회사에 손해 배상 청구를 제기했다가 2014년 대법원 판결로 패소한 경우가 있었습니다. 미세 먼지와 온실가스는 그 성격이 다르기는 하지만, 자동차 배기가스에 미세 먼지와 온실가스가 모두 포함되기 때문에 공통된 요소가 있어요.

　　기후 소송을 민사 소송으로 제기하면 '미세 먼지 소송'의 패소 판결이 상당히 불리한 근거로 사용될 수 있었지요. 가는 길 중간에 커다란 **걸림돌**이 이미 하나 놓여 있는 것을 알면서 일부러 어려운 길로 들어설 필요는 없다고 판단했습니다.

　　이러한 고민 끝에 헌법 소송이 기후 소송의 목표를 실현하는 데 가장 적합한 방식이라는 결론에 도달했습니다. 헌법에는 국가가 국민의 기본권을 보장하고 보호할 책임이 있다고 분명히 나와 있어요. 따라서 헌법 소송은 청소년들이 **기후 위기로부터 보호받을 권리**를 주장하며 정부의 책임 있는 대응을 요구하기에 가장 적절한 소송 형태였지요. 또한 헌법 소송은 개인이나 특정 지역이 아닌 모든 국민의 권리와 국가의 책임을 다루기 때문에, **기후 위기의 전 지구적이고 포괄적인 영향에도 대응할 수 있습니다.**

이렇게 설명하면 한 번에 결론이 난 것 같지만, 소송의 종류를 결정하는 게 그렇게 쉬운 일은 아니었어요. 변호사들이 2019년 여름 **몇 달 동안 밤을 새워 가며** 연구해서 「대한민국 기후 변화 소송의 법적 어려움과 가능성」이라는 의견서를 만들었습니다.

이후 청소년기후행동의 청구인들과 함께 논의해서 2019년 가을, 헌법 소송 중에서도 국민의 기본권 침해에 대해서 다투는 방법인 헌법 소원으로 기후 소송을 제기하기로 결정했지요. 그 뒤로도 **6개월 정도** 더 준비한 끝에 드디어 2020년 3월 13일, 헌법 재판소에 헌법 소원 심판 청구서를 제출하게 되었습니다.

🌱 헌법의 목적 = 기후 소송의 이유

우리나라 헌법은 크게 전문, 130조로 이루어진 본문, 부칙으로 구성되어 있습니다. 가장 앞에 나오는 전문은 대한민국 헌법을 만든 이유와 목표를 설명하고 있지요.

우리들과 우리들의 자손의 안전과 자유와 행복을 영원히 확보하는 것을 전문에서 헌법의 목적으로 다짐하고 있어요.

그런데 지금은 기후 위기로 인하여 '우리들의 자손의 안전과 자유와 행복'을 확보하기 어려운 상황이 되어 버렸습니다.

이런 헌법의 목적은 청소년들이 기후 소송을 제기하는 이유와 아주 딱 맞물려요. 헌법이 보호해야 할 우리들의 자손에는 **당연히!** 앞으로 이 땅에서 계속 살아갈 청소년들이 포함되기 때문이지요.

헌법 소원은 정부의 행위, 국회가 만든 법률이 기본권을 침해했을 때 제기할 수 있어요. 국가가 할 일을 기후 법률로 정했는데, 그게 기후 위기를 극복하기에 충분하지 않았습니다. 기후 위기 상황에서 청소년을 비롯한 국민의 안전과 자유, 행복을 지키기에는 부족한 내용이 많았지요. 그래서 청소년들은 헌법 재판소에 국가의 기후 정책과 목표에 관한 법률이 헌법을 위반해 국민의 기본권을 침해하고 있다며 헌법 소송을 제기한 것입니다.

재판에서 이기기 위한 두 가지 원칙

소송에서 원하는 결과를 얻으려면 재판관을 잘 설득해야 해요. 그러기 위해서는 먼저 소송을 제기하는 이유가 분명해야 합니다. 그다음, 원하는 판결이 내려져야 하는 현실적이고 법률적인 근거를 잘 설명해야 하지요. **재판관의 머리를 논리적으로 설득하고 마음을 감성적으로 움직**

이면 **소송에서 이길 수 있습니다.**

재판관이 꼭 지켜야 하는 두 가지 중요한 원칙이 있습니다. 첫 번째는 **법적 안정성**이고, 두 번째는 **구체적 타당성**입니다.

법적 안정성은 재판이 법의 규칙과 공식에 잘 맞는지를 확인하는 과정입니다. 재판관은 변호사가 법에 정해진 대로 논리적 순서에 맞게 주장하는지 **엄격하게** 판단하려고 해요. 마치 공식을 적용해 풀면 정해진 답이 나오는 수학 문제와 비슷합니다.

그러니까 법적 안정성은 **모든 사람이 법 앞에서 평등하고, 어느 정도 예측할 수 있는 판결을 받을 수 있게 해 주는 것**이지요.

한편 구체적 타당성은 법적 안정성만으로는 해결되지 않는 개별 사건의 특수성과 현실을 반영하기 위해 고려하는 원칙이에요. 재판관

은 단순히 법을 기계적으로 적용하는 데 그치지 않고 **사건의 사회적 맥락, 당사자들이 처한 현실 등을 면밀히 고려해 최선의 결론**을 도출하려고 합니다. 예를 들어, 생계를 위해 어쩔 수 없이 법을 어긴 사람과 고의적으로 법을 무시한 사람은 동일한 법 조항에 따라 처벌받더라도 상황에 따라 처분이 달라질 수 있는 것이지요.

🐝 재판관의 머리를 설득하려면?

헌법 소원은 국회가 만든 법률이 직접 국민의 기본권을 침해하는 경우에, 그 법률이 헌법을 위반하여 무효라는 것을 재판으로 청구하는 강력한 소송입니다.

앞에서 재판관의 머리를 설득하기 위해서는 법적 안정성을 충족해야 한다고 했지요? 그럼 기후 소송으로 주장하는 내용이 법률의 공식에 맞추어 헌법 소원을 제기할 수 있는 것인지 알아봅시다.

헌법 소원을 제기하려면 첫째, 공권력의 행사 또는 불행사가 있어야 해요. 기후 소송의 경우에는 기후 위기 대응에 관해서 대한민국 국회와 정부가 **온실가스 감축 목표에 관한 법률과 시행령을 제정한 것이 공권력의 행사에 해당합니다.**

헌법재판소법 68조 (청구 사유)

① 공권력의 행사 또는 불행사로 인하여 헌법상 보장된 **기본권을 침해받은 자**는 법원의 재판을 제외하고는 헌법재판소에 헌법 소원 심판을 청구할 수 있다.

둘째는 헌법상 보장된 기본권을 침해받은 자가 있어야 합니다. 이를 또 나누어 보면 헌법상 보장된 기본권이 있어야 하고, 그 기본권을 침해받은 사람이 있어야 하지요. 기후 위기와 관련하여, 헌법에는 환경권, 생명과 신체에 관한 권리, 평등권 등의 기본권이 있어요. 이런 기본권을 침해받은 사람은 **대한민국의 모든 국민**이 되겠지요. 그중 청소년 기후 소송에서는 미래 세대인 청소년과 어린이들이 입은 기본권의 침해를 강조했습니다.

그다음은 청소년을 비롯한 청구인들이 기본권을 침해받고 있다는 사실을 증명하고, 그 침해가 국가의 법률(공권력의 행사) 때문에 생겼다는 **인과 관계**를 논리적으로 주장해야 해요.

이를 위해 기후 소송 청구인단과 변호사들은 여러 가지 노력을 했어요. 우선은 세계 최초로 기후 소송 승소 판결을 받은 네덜란드의 우르헨다* 재단에 조언을 받았습니다. 특히 우르헨다 재단의 데니스 판

베르컬 변호사는 한국에 여러 차례 방문해 도와주었어요. 해외 전문가들의 법률 의견서를 받아 대한민국 헌법 재판소에 제출하기도 했지요.

우리나라의 많은 헌법학자들도 기후 소송 재판에 직접 나오거나 법률 의견서를 제출해 이 소송이 **법적으로 타당함**을 설명해 주었습니다.

🐝 재판관의 마음을 움직이려면?

구체적 타당성은 재판관이 '이 사건에서는 어느 쪽이 이기는 게 옳은가?'를 기반으로 **사회 현실에 맞는 정의로운 결과를 찾기 위해** 고려하는 원칙이에요. 그래서 구체적 타당성을 충족시키려면 재판관의 마음을 움직여야 합니다. 소송에는 딱딱한 논리만 있는 것 같아 보여도, 시와 노래 같은 따뜻한 변론도 필요하지요.

기후 소송, 특히 우리나라 청소년 기후 소송의 경우는

"우리의 미래를 위해 보다 적극적으로 기후 위기에 대응해 달라!"

● 우르헨다(Urgenda)는 '긴급한(Urgent)', '의제(Agenda)'라는 두 용어를 합쳐서 줄인 합성어로, 이 시대의 '긴급한 의제'인 기후 위기에 대응하기 위하여 만들어진 네덜란드의 시민 기후 운동 단체입니다. 그래서 네덜란드의 기후 소송을 보통 '우르헨다 케이스'라고 불러요.

라고 자녀 세대가 부모 세대에게 요구한다는 점에서 굉장히 강한 호소력이 있습니다. 이 부분이 매년 제기되는 수백만 건의 소송에서 쉽게 찾아보기 힘든 **가장 강력한 시와 노래예요.**

청소년들의 주장을 듣고 제가 한 사람의 아빠로서 마음에 커다란 가책과 책임을 느끼고 기후 소송에 참여하게 된 것처럼, 재판관들도 다들 가정에서는 누군가의 보호자일 가능성이 높기 때문에, 기후 소송을 제기한 청소년들의 절실한 호소를 냉정하게 무시하고 배척할 수 없을 거라고 믿었습니다.

재판관의 마음을 움직이는 데 필요한 또 다른 일은 기후 위기가 얼마나 심각하고, 적극적인 대응이 얼마나 절실히 필요한지 **생생히** 설명하는 것이었습니다. 이를 위해 우리는 헌법 소원 심판 청구서와 그 이후의 많은 법률 서면들을 통해서
기후 변화의 치명적인 위험이 명백한 사실이라는 점,
그 때문에 청소년 세대는 회복이 불가능한 피해를 입을 것이라는 점을
열심히 설명했습니다. 그리고 다행히도 기후 소송에서 주장한 내용 중 많은 부분이 헌법 재판소의 판결문에 그대로 인정되었지요.

이와 관련한 일화가 하나 있습니다. 헌법 소원 1차 공개 변론 재판에서 대기 과학자 조천호 박사가 청소년들을 위한 전문가 참고인으로 활약해 주었어요. 재판에서 정해진 발언 시간은 15분이었는데, 짧은

시간 동안 기후 위기의 심각성과 대응의 필요성에 대해 아주 빠르고 생생하게 설명했습니다. 그 설명을 들은 헌법 재판소장은 이렇게 말했습니다.

말씀하신 내용이 재미있다고 표현하면 조금 이상하지만, 굉장히 유익해서 시간제한 없이 들을 생각이었는데 일찍 마치신 것 같습니다. 혹시 더 말씀하실 것이 있으시면 기회를 드리겠습니다.

재미있지 않나요? 이런 경우는 아마 우리나라 헌법 재판소 변론 역사상 유례를 찾아볼 수 없을 거예요. 재판관의 마음을 움직이는 데 성공한 것입니다.

● 조천호 박사의 발표와 헌법 재판소장의 말은 헌법 재판소 4월 23일 1차 변론 기일 동영상의 2:37:54~2:55:48 지점에서 직접 찾아 들어 볼 수 있어요.

영상 보기

 딱따구리의 법 노트 | 헌법 재판소

모든 법보다 우선인 헌법

우리나라를 지탱하는 세 가지 기둥 같은 법이 있는데, 바로 헌법과 민법과 형법이에요. 그중 헌법의 효력은 민법과 형법보다 우위에 있어서, 헌법에 위반되는 민법과 형법 규정은 그 효력을 잃고 무효가 됩니다.

헌법에서는 인간의 존엄성, 평등권, 신체적 자유, 양심과 종교의 자유, 환경권 등 국민의 기본권을 열거하며 보장하고 있어요. 또한 헌법에는 국가가 국민의 기본권을 마땅히 보호하고 지켜야 한다고 나와 있지요. 따라서 모든 법은 그것이 민법이든 형법이든 기후에 관한 법률이든 국민의 기본권을 침해해서는 안 되고, 국민의 기본권 보호 의무를 위반해도 안 됩니다.

헌법 재판소가 있는 이유

헌법 재판소는 정부의 행위와 국회가 만든 법률이 국민의 자유와 헌법이 정한 기본권, 즉 인권을 침해하는 일이 생길 수 있다는 것을 고통스럽게 깨달으면서 만들어졌어요. 독일의 히틀러 나치즘 시대에 유대인과 집시 등 수백만 명의 사람을 학살하고 인권을 탄압한 것은, 법률이 없어서 벌어진 일이 아니에요. 독일 국회에서 다수결로 투표해서 만든 합법적인 법률을 가지고 벌인 일이었지요.

이런 끔찍한 일이 또다시 일어나는 걸 막기 위해 국회에서 절차적 문제 없이 법률이 만들어졌더라도, 그 내용이 헌법을 어기고 인권을 침해하는 것이라면 무효로 만들어야 할 필요가 생겼습니다. 그래서 2차 세계 대전이 끝나고 난 후 독일은 더 이상 합법적인 법률로 '헌법적인 인권'을 탄압하고 침해하는 일이 없도록 하기 위해 독일 연방 헌법 재판소를 만들었습니다.

 대한민국 헌법 재판소

　우리나라의 경우에도 오랜 기간 독재 정부를 겪으며, 법원이 국민의 자유와 인권을 침해하는 판결을 많이 했어요. 법원이 헌법 수호의 역할을 하지 못했던 것이지요. 그에 대한 반성으로 1987년 헌법을 개정할 때 국민의 기본권을 특별히 보호하려는 목적으로 헌법 재판소를 법원과 독립된 사법 기관으로 설립하였습니다. 그 뒤로 40년 가까이 지난 현재, 대한민국의 헌법 재판소는 아시아에서 가장 활발하고 적극적인 헌법 재판소로 높이 인정받고 있어요.

　헌법 재판소에는 모두 9명의 재판관이 있습니다. 이 9명은 한 사람이 모두 정하는 것이 아니라, 세 기관이 나누어 정해요. 대통령이 3명을 직접 임명하고, 국회가 3명을 선출하고 대법원장이 추천한 3명을 대통령이 임명해요. 이렇게 해서 행정부(대통령), 입법부(국회), 사법부(대법원)가 각각 3명씩 고르게 참여해요. 어느 한 쪽의 힘이 너무 세지 않도록 균형을 맞춘 방식이지요.

헌법 재판소가 하는 일

　헌법 재판소의 권한도 헌법으로 정해져 있어요. 헌법 111조 1항에 따라 헌법 소원 심판, 위헌 법률 심판, 권한 쟁의 심판, 탄핵 심판, 정당 해산 심판을 하게 됩니다.

　헌법 재판소의 심판 결과는 인용, 기각, 각하로 나뉘어요. 인용은 헌법 재판소가 청구한 사람의 주장을 받아들인다는 뜻입니다. 어떤 법이나 정책이 헌법을 어겼다, 즉 위헌이라는 판단을 내리는 거예요. 기각은 청구인의 주장을 받아들이지 않는 경우예요. 헌법 재판소가 문제되는 법이나 정책이 헌법에 어긋나지 않았다, 즉 합헌이라고 판단한 거죠. 각하는 소송이 형식적인 조건을 갖추지 못해서, 성립하지 않은 것으로 판단한 것입니다.

Stage 4

무엇을 위해 기후소송을 했나요?

LET'S GO!

　자, 이제 문제는 기후 소송이 구체적으로 무엇을 위해서 하는 것인지 그 목적을 분명히 하는 것입니다. 물론 정답이 이미 있어요.

기후 위기 대응과 탄소 중립입니다.

　기후 소송은 기후 위기가 있다는 호소만 계속 반복하려는 것이 아니에요. 해결책을 만들어 내기 위한 것이지요.

　현재 기후 위기의 해결책은 탄소 중립입니다. 즉 온실가스 순 배출량을 0으로 만들어야 한다는 목표에 전 세계가 동의하고 있는 상황이에요. 우리나라를 비롯하여 많은 나라가 법률에 탄소 중립이 목표라고 써 놓았습니다. 이제는 그 목표를 진짜로 실현하는 일이 남았어요. 그러기 위해 탄소 중립의 의미와 본질이 무엇인지 먼저 짚어 봅시다.

🐝 탄소 시대의 거대한 가속

인류의 역사와 사람의 인생에는 참 묘한 것이 있습니다. 때때로 좋았던 것이 나쁜 것이 되고, 나쁜 것 속에 좋은 것이 있기도 해요.

세상의 일은 단순하지 않습니다. 지구의 일 또한 마찬가지예요. 1700년대에 영국에서 처음 시작되어 전 세계로 확산된 **산업 혁명은 인류에게 엄청난 풍요를 가져다주었습니다.** 의식주 모든 분야에서 생산이 늘어나서 사람들이 풍요롭고 편리하게 살 수 있었어요.

이 산업 혁명은 탄소 연료인 석탄에서 시작됐어요. 영국에서 처음으로 탄소 연료로 작동하는 증기 기관이 만들어졌습니다. 그 후 탄소 연료를 사용하는 다양한 교통·운송 수단이 발달하고, 공장에서는 탄소 연료로 기계를 돌려 수많은 물건을 대량 생산했어요. 또 탄소 연료를 태우는 화력 발전으로 전기를 만들어 온갖 전자 기기를 사용하게 되었어요. 오늘날까지 이런 생활 방식이 이어지고 있지요.

탄소 연료는 무엇인가요? 석탄과 석유입니다. 석탄은 3억 년 전 육지의 식물이 죽어서 땅에 묻힌 후 땅의 열과 압력으로 고체로 압축된 것이고, 석유는 바다의 생물이 죽어서 오랫동안 액체로 농축된 것이지요.

그렇다면 인간은 왜 탄소 연료를 쓰게 되었을까요?

식물은 살아 있을 때 햇빛을 받아 광합성을 해요. 이산화탄소(CO_2), 산소(O_2), 물(H_2O)을 결합시켜 포도당($C_6H_{12}O_6$) 등 탄소 유기 화합물을 만드는데, 동물은 이 탄소 유기 화합물을 먹어 몸 안에서 다시 물과 산소와 이산화탄소로 분해합니다. 그러면 생명 활동에 필요한 열과 에너지를 얻을 수 있지요. 피곤하고 힘이 없을 때 사탕이나 초콜릿을 먹으면 기운이 나잖아요.

같은 원리로 인류는 석탄과 석유 속의 탄소 유기 화합물을 다시 물과 산소, 이산화탄소로 분해시키면서 **대량의 열과 에너지**를 만들어 내는 데 성공했습니다. 굉장한 발명이지요? 생명체의 몸속에서 이루어지는 에너지 생산 과정을 응용해 산업 혁명의 동력을 마련한 것입니다.

인류의 문명은 산업 혁명 이후 대략 300년 동안
탄소 연료를 사용하며 거대한 가속을 했습니다.
신나게 달렸습니다. 신나게 달리다가,
너무 심하게 달린 것이지요.

자연스러운 지구 활동에서 식물은 대기 중의 이산화탄소를 흡수해서 탄소 유기 화합물을 만들고, 동물은 탄소 유기 화합물을 분해해서 이산화탄소를 다시 대기 중에 배출합니다. 이렇게 식물에 의한 이산화탄소 흡수와 동물에 의한 이산화탄소 배출은 비슷한 양으로 더해지고 빼져, 대기 중에서 대략적인 평형 상태를 이루게 되지요.

그런데 인류는 산업 혁명 이후 불과 2~3세기 만에 땅속에 묻힌 석탄과 석유를 대량으로 사용하여 이산화탄소를 대기 중에 과도하게

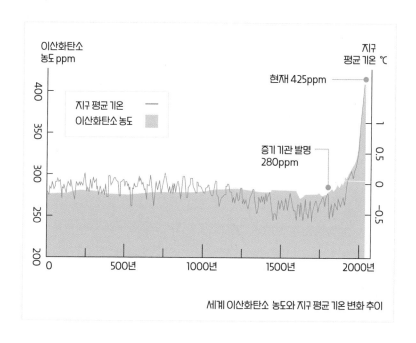

세계 이산화탄소 농도와 지구 평균 기온 변화 추이

배출했어요.

지난 2000년간 지구의 온도는 거의 변화가 없었는데, 산업 혁명 이후 이산화탄소 농도가 급격히 높아지며 지구의 온도도 급격하게 상승했습니다. 자연적인 변화가 아니고 인류의 탄소 배출 문명으로 인한 **인위적인 변화라는 것이 분명히 드러났지요.**

그렇다면 탄소 배출과 지구 온도는 어떤 연관이 있을까요? 이산화탄소는 지구에 온실 효과를 만드는 기체입니다. 우리가 겨울에 수박이나 멜론 같은 여름 과일을 먹을 수 있는 건 비닐을 씌워 만든 온실에 열을 가둬, 따뜻한 환경을 조성했기 때문이에요.

지구 대기 중에 배출된 이산화탄소, 메탄가스 등은 마치 비닐하우스의 비닐처럼 작용합니다. 태양에서 지구로 들어오는 열은 흡수하고, 지구에서 밖으로 나가는 열은 막아서 점점 지구의 온도를 높이는 것이지요.

그렇다면 온실가스는 무조건 나쁜 것일까요? 그건 아니에요. 원래 온실가스는 **적당히** 있으면 태양열을 가둬 생명체가 살기 알맞도록 온도를 유지해 주는 역할을 합니다. 지구와 가까운 태양계 행성인 화성의 평균 기온은 영하 60도보다 낮아요. 생물이 살기 힘든 환경이지요. 그 이유는 화성의 대기 중에 이산화탄소 같은 온실가스가 너무 적어서 화성을 보온하지 못하기 때문이에요.

온실가스가 지구에서 인류와 다른 생명체들을 살 수 있게 만들었다고도 할 수 있어요. 그런데 **우리의 은인 같던 이 온실가스가 너무 많아지니 거꾸로 우리의 삶을 위태롭게 만드는 원수처럼 되어 버린 것이지요.**

결론적으로 기후 위기의 원인은 온실가스가 대기에 너무 많이 쌓여서 지구의 온도를 급격히 높이고 있기 때문이고, 이렇게 온실가스가 많이 쌓인 이유는 석탄과 석유를 사용해 산업을 발전시켜 온 인류의 **탄소 배출 문명**이라는 사실이 확인되었습니다.

온실가스도 원래는 좋은 것이었는데 이제는 나쁜 것이 되었고, 탄소 연료도 처음에는 인류 문명 발전에 크게 기여했는데 지금은 인류 문명의 종말을 야기하는 위협이 된 것입니다.

모든 것이 아이러니로 가득 찬 현실이지요?

우리의 목표, 탄소 중립

기후 위기를 해결하려면 온실가스를 얼마나 줄여야 할까요? 이것도 이미 답이 정해져 있습니다. 인류의 모든 산업과 생활에서 탄소를 적당히 줄이는 정도로는 부족해요.

2050년까지
탄소의 순 배출량을 0으로 만드는
탄소 중립을 이루어야 합니다.

온실가스의 10퍼센트 정도가 숲 등 자연에서 흡수된다는 점을 감안하면, 현재 탄소 배출량의 90퍼센트 정도를 없애야 합니다. 즉, 현재의 10퍼센트 정도만 배출하는 **비탄소 문명**으로 바꾸면, 인류는 지구 온도가 오르는 걸 1.5도 수준에서 막을 수 있어요. 그러면 **우리들과 우리들의 자손**이 견딜 수 있을 정도의 지구 환경과 생활 조건을 유지하며, 인류 문명을 이어 나갈 수 있게 되지요.

2010년 우리나라에 처음 기후 관련 법이 만들어졌을 때에는 아직 탄소 중립이라는 말조차 나오지 않았던 상황이었습니다. 그저 탄소 배출량을 낮추자는 의미에서 낮을 저(低)자를 써, 저탄소녹색성장기본법이라고 했어요. 그러니까 이때에는 기후 위기를 해결하기 위한 방향만 있었지, 목표는 아직 모르고 있었던 거예요.

탄소 중립이 국제적 해결책으로 제시된 것은 얼마 전의 일입니다. 그런데 여러분, **탄소 중립이라는 말이 최초로 공식화된 것이 어디였는지 아세요?** 바로 2018년 우리나라 인천 송도에서였습니다. 그 당시 IPCC는 「1.5도 특별 보고서」를 채택했어요.

이 보고서는 인류의 생존을 치명적으로 위협하는 기후 위기를 막으려면 지구 온도의 상승을 1.5도로 억제해야 한다고 설명했어요. 이를 위해 2050년까지 전 지구적으로 탄소 중립을 달성하는 것을 기후 위기의 해결책으로 제시했지요. 탄소 중립이라는 말은 이때부터 불과 5~6년 사이에 전 세계를 휩쓴, 21세기 인류에게 가장 중요한 단어가 되었습니다.

왜 2050년까지일까요? 2060년이나 2070년이 아니고?

인류가 쓸 수 있는 탄소 예산은 목표 온도에 따라서 달라지는데, 1.5도로 온도 상승을 제한하기 위한 탄소 예산은 4천억 톤입니다. 앞으로 인류가 탄소를 4천억 톤 정도 사용하면, 지구 온도가 1.5도까지만 오르고 멈출 가능성이 약 67퍼센트예요.(2020년 기준)

그런데 2019년 한 해 동안 전 세계 온실가스 배출량은 약 500억 톤 정도였습니다. 2020년부터 배출량을 줄이지 않고 1년에 500억 톤씩 온실가스를 배출한다면, **8년이면 다 써 버리겠지요?**

하지만 전 세계가 매년 온실가스를 줄여 나간다면, 탄소 예산을 다 쓰는 시기는 그만큼 뒤로 미루어질 거예요.

2020년 이후 전 세계의 온실가스 배출량은 시간이 지남에 따라 아래로 오목한 포물선 그래프 모양으로 줄여서 **궁극적으로는 OO이 되어야**

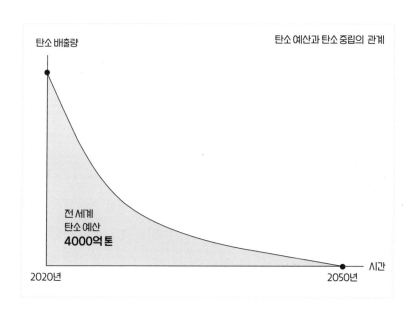

합니다. 이렇게 0이 되는 시기를 계산하면 2050년이 돼요.

자, 이제 탄소 중립이 무엇을 의미하는지, 탄소 중립의 목표 시기가 왜 2050년인지 대략 이해가 되었지요? 그런데 문제는,

과연 탄소 중립이 가능한 일인가?

하는 질문일 것입니다. 지난 200~300년 동안 전 세계가 석탄과 석유를 파내고 태우면서 엄청난 탄소 문명을 만들었는데, 앞으로 30년 이내에 탄소 배출을 다 없애는 것이 과연 가능하겠느냐는 거지요.

탄소 중립은 이상적으로만 가능하고, 현실로는 이루어질 수 없는 꿈같은 이야기가 아닐까요? 거대한 가속으로 이룬 탄소 문명에서 갑자기 거대한 감속을 해서 비탄소 문명으로 만들겠다는 것은 무척이나 어려운 목표가 아닐까요? 여러분은 어떻게 생각하나요?

🌿 비탄소 시대로의 담대한 전환

그런데 놀라지 마세요. 2050년까지 탄소 중립을 이루고도 경제 활동을 하며 발달된 문명으로 살겠다는 목표는 결코 꿈이 아닙니다. **현실적으로 가능한 일이 되고 있어요.** 바로 이것이 제가 기후 위기 악화의 속도도 엄청나게 빠르지만, 인류의 기후 위기 대응의 속도도 굉장히

빠르다고, **우리가 포기하고 절망할 필요는 없다**고 말씀드리는 이유입니다.

첫째로, 전 세계의 많은 나라들이 발 빠르게 기후 법률을 만들고 있습니다. 맨 처음 2017년에 스웨덴에서, 다음으로는 2019년에 영국에서 탄소 중립을 목표로 한 법률이 만들어졌고 그 후로 독일, 프랑스, 유럽 연합에서 법을 만들었어요. 2021년에는 한국과 일본, 중국도 이 흐름에 합류했지요.

탄소 중립이라는 목표가 법에 들어가는 것과
그렇지 않은 것 사이에는 아주 큰 차이가 있습니다.

우리가 청소년 기후 소송을 제기한 2020년 봄에는 아직 한국에 탄소중립기본법이 없었어요. 그래서 그때는 탄소 배출량을 0으로 만들어야 한다고 주장하는 것이 무리한 요구는 아닐까 하는 부담이 있었지요. 그런데 우리나라에서도 2021년 10월에 탄소중립기본법이 제정되었고, 이 법 7조에서 분명하게 '정부는 2050년까지 탄소 중립을 목표로 하여 탄소 중립 사회로 이행하고 환경과 경제의 조화로운 발전을 도모하는 것을 국가비전으로 한다.'라고 규정해 놓았어요.

그러니 이제는 기후 소송에 반대하는 정부라 하더라도 2050년까지 탄소 중립을 달성하겠다는 목표를 부정할 수 없게 된 거예요. **목표는 분명해지고 달성만이 숙제가 된 것이지요.**

둘째로 국제적인 경제의 흐름이 탄소 중립에 찬성하고, 비탄소 경제를 만드는 방향으로 대전환을 이루고 있다는 점입니다. 이것에 주목할 필요가 있어요. 앞으로 청소년을 비롯한 우리가 살아갈 미래는 탄소를 배출하지 않는 비탄소 경제라는 점이 분명해졌기 때문이에요.

전 세계의 주요 글로벌 기업들이 RE100(Renewable Energy 100)이라는 정책으로 탄소 배출을 줄이는 일에 앞장서고 있어요. **RE100은 기업 활동 과정에 필요한 전기를 100퍼센트 재생 가능 에너지로 전환하겠다는 뜻이에요.**

이 일은 기후 위기 대응에서 참으로 결정적인 사건입니다. 구체적으로 애플, 구글, BMW 등 주요 글로벌 기업들이 RE100을 통하여 탄소 중립을 추구하겠다고 선언하고 나섰어요. 이러한 움직임은 위 기업들뿐만 아니라 이들에게 부품을 파는 수많은 기업에도 영향을 줘요. 따라서 많은 기업이 탄소 중립의 흐름에 합류할 수밖에 없게 된 것입니다.

우리나라의 기업도 마찬가지입니다.

앞으로 생산하는 반도체나 자동차, 화학 제품 등이 100퍼센트 재생 에너지로 생산된 전기를 쓴 것이 아니라면, 외국의 주요 기업에 수출할 수 없게 돼요. 그러면 한국의 공장은 재생 에너지를 사용하는 외국으로 옮겨야 할지 몰라요. 결국 **탄소를 배출하는 방식을 유지하면 한국 경제는 약해질 거예요. 그러니 탄소를 배출하지 않는 경제를 만들어야만 합니다.**

또한 산업 활동의 숨줄인 돈을 쥐고 있는 자산 운용 회사와 연금·

기금 등 국제 금융 자본도 탄소 중립을 지지하고 있어요. 이들은 탄소를 배출하는 산업에 대한 투자를 줄이겠다고 선언했지요.

세계 최대의 자산 운용 회사인 블랙록은 투자를 결정할 때 기후 변화와 지속가능성 측면에서 이로운 사업인지를 가장 우선으로 고려하겠다고 했어요. 그 뒤를 이어서 JP모건과 골드만삭스 등 주요 투자 은행들도 **석탄 산업에는 투자하지 않겠다고 했지요.**

이러한 국제 금융계의 결정은 우리나라를 비롯한 전 세계 기업들에 엄청난 영향을 미치고 있어요. 우리나라 국민연금은 2021년 5월에 앞으로 국내외 석탄 발전소 신규 건설을 위한 프로젝트에는 투자하지

않겠다는 **탈석탄 선언**을 했어요. 또한 탄소 배출의 주범으로 비판받아 왔던 한국전력과 여섯 개 발전 회사도 2050년까지 석탄 발전을 전면 중단해서 탄소 중립을 이루는 데 협력하겠다고 공동으로 선언하기에 이르렀습니다.

이제 세계의 기업들은 살아남기 위해 시급하게 탄소를 배출하는 산업 활동에서 벗어나지 않으면 안 되는 현실에 맞닥뜨리게 되었어요.

한편 "탄소 중립이 좋은 얘기지만, 과연 탄소를 배출하지 않고도 전기를 만들고 산업을 운영하고 제품을 생산하는 일이 가능할까?" 같은 질문이 생기기도 합니다. 그런데 이것도 인류 문명의 기술적 단계로는 얼마든지 가능한 일이 되었습니다.

과학 학술지 「네이처」에 실린 연구에 따르면, 재생 에너지로 전기를 만드는 비용이 점점 낮아져서 **머잖아 재생 에너지가 모든 에너지 중에서 가장 저렴하고 경제적인 에너지가 될 것**이라고 해요. 그래서 독일은 2035년까지 모든 전기를 재생 에너지로만 생산하기로 정했어요.

탄소 연료가 가장 저렴한 에너지라면 여전히 탄소 연료 사용에 미련이 남겠지만, 이제는 그보다 경제적인 재생 에너지를 사용할 기술이 있습니다. 그러니 더 이상 기후 위기의 주범인 탄소 연료에 매달릴 필요가 없어요. 이제 인류는 비탄소 경제를 만들 기술을 충분히 가지고 있습니다.

탄소 중립을 이루기 위한 결단과 각오만 하면 돼요.

산업 혁명을 넘어 기후 혁명으로

앨 고어 전 미국 부통령은 「불편한 진실」이라는 책과 다큐멘터리로 기후 위기를 강력히 경고했고, 2007년에 IPCC와 함께 노벨 평화상을 수상했어요. 기후 위기가 인류의 활동으로 인하여 발생했다는 것이 불편한 진실이고, 이를 극복하기 위해서는 인류가 삶의 방식을 바꾸어야 한다고 했지요.

원래 살던 방식을 바꾸는 건 아무래도 조금 불편하게 들릴 수 있습니다.

경제 활동을 소극적으로 해야 하고, 우리의 일상생활도 제한될 것 같은 답답한 느낌이 들지요. **그러나** 최근 들어 기후 위기 대응은 단순히 불편함을 감수하는 것이 아니라, 인류 문명과 경제를 더욱 깨끗하고 공정하며 지속 가능한 방향으로 전환하는 기회라는 관점이 주목받고 있습니다.

탄소 중립을 위한 공동의 노력과 비탄소 산업 기술의 발전은 기후 위기 극복을 가능하게 함으로써 산업 혁명 이후 낡은 문명이

새로운 문명으로 거듭나는 출발점이 될 수 있는 거예요.

18세기 이후의 산업 혁명은 인류에게 풍요와 편리함을 가져다주었습니다. 산업화는 생산성을 비약적으로 높여 절대 빈곤을 줄였어요. 또한 첨단 기술의 발달로 인류의 수명이 길어지고, 전 세계의 정보화 수준도 높아졌지요.

그러나 이러한 발전은 막대한 탄소 배출로 이어져 지구 온도를 급격히 상승시키고, 극단적인 기후 변화를 초래하는 **부작용**을 낳았습니다. 경제 성장을 최고 목표로 한 산업 혁명 이후의 문명은 사람들을 쉴 틈 없는 경쟁으로 몰아넣어 스트레스를 주고, 열악한 노동 환경을 만들어 냈어요.

세계적으로는 선진국의 탄소 배출로 발생한 기후 위기 때문에 적도 지역 나라들이 자연재해를 입고, 해수면 상승으로 나라 자체가 물에 잠기게 되는 사태가 일어났어요. 탄소 배출을 거의 하지 않은 나라들이 기후 위기의 대가를 치르고 있는 불공정한 상황이지요. 또한 앞서 말했듯 기후 파국의 위험을 다음 세대로 떠넘기는 세대 간 불평등도 초래했어요.

이렇듯 산업 혁명으로 만들어진 지금의 문명은 곳곳에서 한계를 드러내고 있어요.

역사적으로 기후 위기와 같은 급격한 환경 변화는 기존의 삶의 방식을 흔들고, 이를 극복하기 위한 새로운 사고와 체제를 탄생시키는 원동력이 되어 왔어요. 그 예시 중 하나가 기원전 8세기부터 기원전 3세기 무렵에 나타난 '축의 시대'입니다. 이 시기에는 중국의 공자, 인도의 붓다, 그리스의 소크라테스, 유대 선지자들 등 여러 사상가가 세계 곳곳에서 등장했어요. 철학과 종교가 비약적으로 발전하며 인류 문명이 큰 전환점을 맞이한 시기로 평가되지요.

일부 연구에서는 당시의 기후 변화가 이러한 사상적 도약의 한 요인이었을 가능성을 제기합니다. 기후 환경의 변화로 인해 기존의 농업과 경제 체제가 불안정해지면서 사회 갈등이 심화되었고, 이를 해결하기 위해 새로운 사상과 철학이 등장했다는 거예요. 물론 철학과 종교의 발전은 다양한 요인이 복합적으로 작용한 결과지만, 기후 변화가 사회 변화를 촉진하는 요소 중 하나로 작용했을 가능성은 시사하는 바가 큽니다.

이러한 역사를 우리가 처한 기후 위기 상황에 적용해 볼 수 있어요. 인류가 어떤 선택을 하느냐에 따라 우리 사회의 새로운 방향이 결정될 것입니다.

기후 변화가 불안과 혼란을 초래할 수도 있지만

위기에 대응하는 과정이 지속 가능한 사회로 전환하는 계기가 될 수도 있어요.

다시 말하지만, 중요한 것은
우리가 어떤 방향을 선택하느냐입니다.

현재의 탄소 문명이 만들어 낸 위기가 계속된다면, 지구는 기후 변화의 영향으로 불안하고 혼란스러운 시대로 접어들 가능성이 높아요. 자연재해와 식량 위기가 심해지고, 살기 어려워진 지구 환경으로 인해 정치적 대립과 국가 간 전쟁이 발생할 수 있지요.

그러니 우리는 다른 선택을 해야 해요. 과거의 인류가 살아남기 위해 택했던 것처럼, **새로운 문명으로 담대한 전환을 해야 합니다.** 인류의 최근 200~300년 역사가 탄소 배출을 통한 산업 혁명의 시대였다면, 이제 탄소 배출을 줄이고 기후 위기를 해결하며 탄소 문명의 위험과 약점을 극복하는 기후 혁명의 시대로 나아가야 합니다.

탄소를 배출하며 이뤘던 산업 혁명 시대보다
더 좋은 지구와 더 좋은 문명을 기후 혁명으로 만들 수 있습니다.

기후 위기는 기후 파국이 아니라, 더 좋은 세상을 만들 기회가 되는 것이지요.

탄소 연료 대신 태양광과 풍력 같은 재생 에너지를 사용하면 대기 오염 없이 깨끗한 환경을 만들 수 있어요. 그 속에서 다양한 생물종이 풍요로운 생태계를 이루게 될 것이고요. 또한 재생 에너지는 기존의 전기 발전처럼 중앙 집중형 에너지 체제가 아닌, 가정과 지역 사회가 함께 에너지를 생산하고 이익을 나누는 민주적인 방식으로 운영할 수 있습니다.

산업 혁명 시대처럼 이윤을 최대화하기 위해 끝없이 경쟁하며 불평등을 키우는 대신, 기후 혁명 시대에는 정의롭고 공정한 사회를 만들 수 있어요. 기후 위기에 제대로 대응하려면 에너지와 산업, 일자리와 여러 복지 정책 등 사회 전반을 바꿔야 합니다. 그 과정에서 비탄소 산업으로 좋은 노동 환경을 만들고, 농민과 청소년, 기후 난민 등 기후 변화에 더 크게 영향받는 사람들을 위한 정책을 세울 수 있어요.

비탄소 문명이 구체적으로 어떤 모습일지 우리가 완전히 알 수는 없어요. 하지만 **전환은 이제 현실적으로 가능하고 우리 앞에 성큼 다가와 있습니다.** 탄소를 배출하는 문명이 지난 200~300년 동안 인류의 삶을 보장했지만, 이제는 탄소를 배출하지 않는 문명이 우리의 삶을 보장하게 될 거예요.

**인류의 위기가
인류에게 새로운 기회가 될 수 있습니다.
우리가 기후 위기에 비관만 하지 말고
도전해야 하는 이유지요.**

다 같이 힘을 합하여 탄소 중립을 실현하면 산업 혁명을 넘어설 기후 혁명의 시대를 만들 수 있지 않겠어요? 저는 기후 소송도 우리 모두의 힘을 모아 새로운 시대로 나아가는 큰 실천이라고 생각합니다.

티핑 포인트 (Tipping Point)

티핑 포인트란 어떤 현상이 처음에는 천천히 진행되다가 어느 순간을 넘어서면 급격하게 변화하거나 돌이킬 수 없는 상태로 접어드는 지점을 말합니다. 말 그대로 '결정적 순간'이라는 뜻이지요.

기후 변화에서 티핑 포인트는 지구 환경이 큰 변화를 겪는 한계점을 의미해요. 이 지점을 넘어서면 변화가 점점 빨라지고, 아무리 탄소를 줄이는 노력을 열심히 해도 그 변화를 멈추거나 되돌리기 어려워져요. 이처럼 기후 위기로 인한 위험은 일정 수준을 넘으면 회복이 불가능하다는 점이 아주 무섭습니다.

과학자들이 찾은 기후 변화 티핑 포인트는 20여 가지가 있는데, 이 중 몇 가지는 이미 위험 신호를 보이고 있어요.

녹아내리는 빙하 · 해빙

대표적으로 빙하와 해빙(바닷물이 얼어서 생긴 얼음)의 녹는 정도가 티핑 포인트에 근접해지고 있어요. 빙하는 햇빛을 반사시켜 우주로 되돌려보냅니다. 그런데 빙하와 해빙이 녹아 짙은 땅이나 바다가 드러나면 햇빛을 반사하지 못하고 오히려 지구에 흡수시켜요. 그럼 지구의 온도가 더 높아져 빙하를 더욱더 녹이지요. 그러면 다시 또 시커먼 땅과 바다가 늘어나, 인간의 온실가스 배출과 상관없이 지구 스스로 기온을 높이는 작용이 일어나게 돼요.

실제로 북극해의 해빙은 지난 40년 동안 절반 가까이 줄어들었어요. 그린란드의 빙하도 빠르게 줄어들고 있지요. 이렇게 얼음이 사라지면 북극곰, 바다표범 같은 동물들이 살아갈 공간도 함께 사라져요. 해수면이 높아지며 삶의 터전을 잃는 사람들도 생기고요. 뿐만 아니라 해양의 온도가 오르면 더 강한 태풍과 폭우가 더 자주 찾아올 수 있어요.

시베리아 동토 지대

시베리아와 북극 지역에는 수만 년 동안 꽁꽁 얼어 있는 땅, 즉 영구 동토가 넓게 자리하고 있어요. 그런데 지구 온도가 높아지면 이 땅이 녹아, 그 속에 수천 년 동안 갇혀 있던 온실가스가 대기 중으로 방출됩니다. 그러면 온실 효과가 심해져 지구 온도를 높이고, 이는 다시 더 많은 동토를 녹여 온실가스가 나오게 하는 악순환을 만들어요. 동토가 녹는 수준이 특정 지점을 넘어가면, 우리가 온실가스 배출 감축 노력을 아무리 열심히 해도 이 과정을 멈출 수 없게 됩니다. 이는 돌이킬 수 없는 기후 변화로 이어지지요.

이 밖에도 아마존 우림, 산호초, 대서양 순환 등에서의 변화가 티핑 포인트에 가까워지고 있어요. IPCC 2차 보고서는 지구 온도가 1.5도 정도 오르면 티핑 포인트에 도달할 가능성이 높고, 2.5도 정도로 오르면 그 가능성이 매우 높아질 것이라고 전망하고 있습니다. 티핑 포인트는 기후 변화가 더 이상 통제 불가능한 상태로 가는 시점을 말하기 때문에, 이를 넘지 않도록 하루빨리 기후 위기에 대응하는 데 전력을 모아야 해요.

기후 티핑 포인트를 주제로 영화나 소설을 만든다면, 어떤 메세지를 전달하고 싶나요?

Stage 5

어떤 권리로
기후 소송을
했나요?

TO THE NEXT STAGE!

기후 소송을 헌법 소원으로 진행하기 위해, 이제는 기후 문제가 어떻게 헌법과 연결되는지를 고민해야 합니다. 헌법에 나오는 권리들과의 관계를 찾아야 하지요. 이 책에서는 기후 위기로부터 보호받아야 할 권리들을 **기후 인권**이라고 부르겠습니다.

우리 속담에 '구슬이 서 말이라도 꿰어야 보배다.'라는 말이 있지요? 탄소 중립을 달성하기 위한 보배, 기후 소송을 잘 만들려면 먼저 헌법에서 '기후 인권 구슬'을 찾아야 합니다. 그런 다음 이 구슬들을 꿰어 아름다운 목걸이로 쓸 수 있도록, 국가에 요구해야 하지요.

현행 대한민국 헌법에는 '기후'라는 말이나 '기후 위기'라는 말이 쓰여 있지 않아요. 1987년 헌법이 개정될 무렵에는 기후 문제가 지금처럼 중요한 관심 대상이 아니었기 때문이에요. 21세기에 헌법을 개정한다면 당연히 '기후'라는 말이 들어가겠지만요.

그러면 대한민국 헌법은 기후 위기와 관련된 권리를 인정하지 않을까요? 그렇지 않습니다. 우리 헌법 37조 1항에서 친절하게도 **국민의 자유와 권리는 헌법에 열거되지 아니한 이유로 경시되지 아니한다**라고 알려줘요. 그래서 우리는 기죽지 않고 헌법 속의 기후 인권들을 샅샅이 찾았어요.

🌿 우리 헌법 속의 기후 인권 구슬!

대한민국 헌법은 130조로 되어 있는데 크게 1장 총강, 2장 국민의 권리와 의무, 3~8장 정부의 구성 등으로 이루어져 있어요.* 그래서 기후 인권을 찾기 위해 헌법을 다 뒤질 필요는 없고, 2장인 10조에서 39조까지를 찬찬히 살펴보면 됩니다.

● 여기에 9장의 경제 제도(119조~127조)와 10장의 헌법 개정(128조~130조) 내용을 더하면 모두 130조예요.

첫 번째 기후 인권 구슬은 헌법 10조 **인간의 존엄과 행복 추구권**입니다. 기후 변화로 평균 기온이 상승하면서 폭염, 홍수, 가뭄, 산불 등 극한 기상 현상과 자연재해가 더 자주 발생해요. 당장 사람들의 생명과 건강에 가장 직접적인 영향을 주는 일이지요.

헌법 10조

모든 국민은 **인간으로서의 존엄과 가치**를 가지며, **행복을 추구할 권리**를 가진다. …

여름에는 폭염이 심해져 사망자가 전 세계적으로 크게 늘었어요. 바깥에 나가는 것 자체가 **위험할 정도로 더운 날**이 잦아져서, 일은 물론 운동이나 산책 등을 하기도 힘들어졌지요. 거의 매일 폭염주의보가 발령되는 상황에서, 자유롭게 활동하며 행복을 추구하기란 불가능해요.

더구나 앞으로 기후가 더욱 파국으로 변한다면, 재해가 일상이 되고 식량 부족과 같은 위기가 닥칠 거예요. 그러면 수많은 사람들이 인간으로서 당연히 가져야 하는 존엄과 행복을 잃게 될지도 모릅니다.

두 번째 기후 인권 구슬은 헌법 11조의 **평등권**입니다. 청소년들은 현재의 성인 세대와 동등한 환경 조건을 누릴 권리를 갖고 있어요.

그런데 성인 세대가 온실가스를 많이 내뿜으며 쾌적한 생활 환경과 경제적 기회를 누려 온 반면, 앞으로 지구에서 더 오래 살아갈 청소년들은 온실가스를 최대한 줄이기 위해 노력하면서도 기후 위기로 인해 **훨씬 열악한 환경**을 감수해야 합니다. 이것은 **매우 불평등한 일**로, 청소년들의 평등권을 침해하는 것이지요.

세 번째 기후 인권 구슬은 헌법 15조 **직업 선택의 자유**입니다. 기후 위기로 경제 상황이 나빠지면 다음 세대가 누릴 수 있는 직업 활동의 종류와 범위가 크게 줄어들 위험이 있어요. 2023년 국제 노동 기구의 발표에 따르면, 기후 위기로 노동 환경이 나빠져서 앞으로 7년 이내에 야외 노동자를 포함해서 총 1억 3600만 개의 **일자리가 사라질 위기**에 처했다고 해요.

바깥에서 일하는 경우가 많은 건설업, 배달업 종사자들에게 여름철 폭염은 큰 피해를 줘요. 또한 기후 변화로 세계 경제의 흐름이 크게 바뀌는 중이잖아요? 그럼 석탄 발전소와 탄소를 많이 배출하는 기업은 점차 문을 닫게 될 수밖에 없는데, 정부가 비탄소 산업 정책을 적극적으로 추진하지 않는다면 수많은 실업자가 생길 거예요. 그렇기 때문에 기후 위기는 직업 선택, 경제 관련 권리와도 이어지는 것이지요.

네 번째 기후 인권 구슬은 헌법 34조 1항 **인간다운 생활을 영위할 권리**입니다. 헌법상 기본권들은 서로 연결되고 보충되기 때문에, 인간다운 생활을 할 권리는 앞에서 살펴본 인간의 존엄과 행복 추구권, 평등권, 직업 선택의 자유와도 이어져요.

또한 헌법 34조가 특별한 점은 이 권리와 관련된 국가의 의무를 구체적으로 나타내고 있기 때문이에요. 국가는 사회 보장과 사회 복지의 증진을 위해서 노력할 의무를 가지고(2항), 국가는 여자의 복지와 권익의 향상을 위해서 노력하여야 해요(3항). 국가는 노인과 청소년의 복지 향상에도 의무가 있고(4항), 신체 장애인 및 환자와 노약자를 보호할 의무가 있지요(5항).

특히 6항의 **국가는 재해를 예방하고 그 위험으로부터 국민을 보호하기 위하여 노력하여야 한다**는 내용은 기후 위기 상황과 연관이 깊어요. 국가는 국민의 기본권을 말로만 인정하는 게 아니라, 실제로 보호하기 위해 여러 분야에서 노력할 의무를 가진다고 헌법은 정확하게 짚고 있어요.

다섯 번째 기후 인권 구슬, 그리고 기후 위기와 무엇보다도 가장 밀접하게 연결되는 기본권은 우리나라 헌법 35조의 **환경권**입니다.

헌법 35조

① 모든 국민은 **건강하고 쾌적한 환경에서 생활할 권리를** 가지며, 국가와 국민은 환경 보전을 위하여 노력하여야 한다.

② **환경권의 내용과 행사에 관하여는 법률로 정한다.**

당연히 기후 환경에 대한 권리도 포함돼요. 이 규정에 '환경' 대신 '기후'를 대입하면 **모든 국민은 건강하고 쾌적한 기후에서 생활할 권리를 가지며, 국가와 국민은 기후 보전을 위하여 노력하여야 한다**라고 읽을 수 있지요.

우리나라처럼 헌법에 환경권이 분명히 쓰여 있는 나라는 세계에서 별로 많지 않습니다. 네덜란드는 세계 최초로 기후 소송에서 승소했지만, 헌법에 환경권이 명시적으로 쓰여 있지 않아요. 친환경 정책에 앞장서는 독일의 연방 공화국 기본법에도, 유럽 연합의 헌법에 해당하는 유럽인권협약에도 환경권이 없지요. 또한 미국과 일본의 헌법에도 환경권은 나와 있지 않습니다.

참 이상하지요? 그렇다면 우리나라가 다른 나라보다 환경권을 더 잘 보호하고 있다는 뜻일까요? 그런 것 같지는 않은데요.

우리나라의 헌법에 환경권이 있는 이유는 헌법이 비교적 가까운 시기인 1987년에 개정되었기 때문입니다. 다른 나라의 헌법들은 그보다 훨씬 이전에 만들어져 지금까지 시행돼 오고 있어요. 전 세계적으로 환경 운동이 주목받기 시작한 것이 1970년 경이었기 때문에, 그 이후에 개정된 우리나라 헌법은 후발 주자로서의 이점을 가지게 된 것이지요.

어찌 되었건, 법에 쓰인 글자에는 힘이 있습니다.

다른 나라 기후 소송에서는 환경권을 헌법적 권리로 인정할 수 있는지 없는지를 가지고 여전히 법적인 논쟁이 있어요. 그런데 우리나라는 헌법에 환경권이 분명히 쓰여 있으니, 논쟁할 여지 자체가 없지요.

기후 소송에서 큰 숙제 하나를 던 셈이에요. 결과적으로 헌법 35조의 환경권이 기후 인권 목걸이의 **커다란 보석**이 되어, 소송을 승리로 이끄는 데 핵심 역할을 했습니다.

여섯 번째 기후 인권 구슬은 헌법 36조 **보건에 관하여 국가의 보호를 받을 권리**입니다. 기후 위기는 신종 전염병의 위험을 증가시켜요. 기후 변화로 동물들의 서식지가 변하면서 바이러스가 쉽게 전파될 환경이 만들어지기 때문이지요.

특히 박쥐나 설치류 같은 동물들은 사람에게도 옮길 수 있는 병원체를 갖고 있어, 코로나19처럼 동물에서 인간으로 전염되는 새로운 질병이 나타날 가능성이 커요. 또 지구 온난화로 얼음이 녹으면서 수천 년 묵은 고대 바이러스가 다시 활동할 위험도 있지요.

기후 위기가 더 악화되면 전 세계를 혼란으로 몰아넣었던 코로나19보다 더 심각한 전염병이 발생할 수 있어요. 이에 대해 국가는 국민의 건강과 생명을 지킬 의무를 갖습니다.

여기에 더해, 헌법에는 기후 인권과 연관된 **작은 구슬**들도 있어요. 14조의 거주·이전의 자유, 16조 주거의 자유, 23조의 재산권, 31조의 교육받을 권리와 32조의 근로의 권리를 들 수 있지요. 이처럼 대한민국 헌법은 기후 위기 상황에서 보호받아야 할 국민의 권리를 풍부하게 담고 있답니다.

🐝 기후 인권 구슬을 꿰는 헌법의 '고리'

구슬이 서 말이라도 '꿰어야' 보배가 된다고 했지요? 기후 인권 구슬이 많더라도 그 구슬들을 연결하는 '고리'가 없으면 기후 소송을 성공적으로 만들 수 없을 거예요. 기후 인권이 국가의 일과 연결되는 근거, 기후 인권을 꿰는 고리를 헌법 속에서 찾아봅시다.

첫 번째 고리는 **기본권 보호 의무**입니다. 헌법 10조에 따르면 국가는 기후 인권을 침해하는 위험으로부터 국민을 보호하고, 나아가 국민이 기후 인권을 안전하게 누리도록 조치해야 합니다.

헌법 10조

… 국가는 개인이 가지는 불가침의 기본적 인권을 확인하고 이를 **보장할 의무**를 진다.

기후 위기로 국민의 권리가 침해된다면, 국가는 이 의무를 제대로 수행한 것이 아니지요. 기업이 국민의 기본권을 침해하는 경우에도 이 의무에 따라 국가가 나서서 적극적으로 막아야 해요.

두 번째 고리는 **기본권 침해 금지 원칙**입니다. 헌법 37조 2항은 아주 오래된 헌법의 인권 원칙입니다.

헌법 37조

② … 자유와 권리의 본질적인 내용을 **침해할 수 없다.**

국가가 국민의 인권을 마음대로 억압하고 박탈하는 것을 막는 데 중요한 역할을 하는 규정이지요. 헌법 재판소에서 다루는 헌법 소원의 대부분이 이 원칙이 지켜지지 않는 것을 문제 삼은 거예요.

국가가 온실가스를 많이 배출하는 정책을 쓴다면, 당연히 국가가 국민의 기후 인권을 침해한다고 볼 수 있어요. 기업이 온실가스를 많이 배출하는 경우도 국가가 법을 제대로 만들지 않아 발생한 결과이기 때문에, 국가가 기후 인권을 침해한다는 주장으로 연결할 수 있습니다.

기후 인권 구슬을 꿰는 헌법의 고리가 두 개나 되기 때문에, 기후 소송은 더욱 든든한 토대를 마련했습니다. 국가의 기본권 보호 의무와 기본권 침해 금지 원칙이 서로 보완하며 기후 인권을 더욱 확실히 보장하는 거예요.

독일 기후 소송에서는 국가의 기본권 침해 금지 원칙만 인정하고 기본권 보호 의무는 인정하지 않아서 아쉬움이 있었어요. 그런데 대한민국 기후 소송에서는 이 두 가지를 모두 인정받았습니다.

한 발 더 나아간 성과였지요.

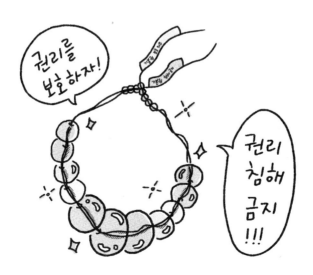

기본권 침해는 과잉 금지

국가의 기본권 침해 금지 원칙은 국가가 국민의 자유와 권리를 함부로 빼앗지 못하도록 만든 중요한 규칙이에요.

18~19세기는 왕이나 독재자의 권력이 강했던 시대로, 국가의 권력이 국민의 자유와 권리를 침해하는 일이 흔했습니다. 당시 왕이나 독재자는 국민의 생명과 재산, 표현의 자유 등을 무시하며 권력 남용을 일삼았죠. 이런 시대적 상황에서 국민들은 자신의 권리를 보호하기 위해 국가 권력을 제한할 필요성을 강하게 느끼게 되었고, 이것이 헌법의 발전으로 이어졌습니다.

우리나라 헌법 37조 2항에 국가의 기본권 침해 금지 원칙이 명시되어 있어요. 국가는 국민의 기본권을 제한할 수는 있지만, 너무 많이 제한하면 안 돼요. 이를 판단하는 기준이 바로 '기본권 과잉 침해 금지' 원칙이에요.

2009년의 집회 및 시위에 관한 법률에서는 해 뜨기 전이나 해 진 후 야외에서 집회를 여는 것을 금지했어요. 하지만 헌법 재판소는 이 법이 국민의 기본권인 '집회와 시위의 자유'를 과도하게 침해한다고 판단해 위헌이라고 판결했지요.

기본권 보호는 과소 금지

국가는 국민의 기본권을 침해해서는 안 될 뿐만 아니라, 국민의 기본권을 보호할 의무가 있어요. 국가의 기본권 보호 의무는 비교적 새롭게 발전된 헌법 이론이에요. 이 개념은 특히 복지 국가의 발전과 깊이 관련 있습니다.

과거에 국가는 국민의 자유를 보장하고 사회의 질서를 유지하기는 하지만, 생활을 직접 보호하거나 지원하는 일은 적었어요. 먹고사는 일은 각자 알아서 해야 한다는 생각이 강했지요. 하지만 20세기 후반부터 국가가 국민의 먹고사는 일, 나아가 복지에 관여하는 일이 많아졌어요.

그러니까 현대 복지 국가의 국민은 "국가는 나의 자유를 침해하지 말라!"라고 요구할 뿐 아니라, "국가는 나의 권리와 생활을 보호하고 지원해 달라!"라고까지 요구할 권리가 생긴 것입니다.

기본권 보호 의무의 판단 기준으로는 '기본권 과소 보호 금지' 원칙이 있습니다. 기본권을 보호하는데 '너무 조금' 보호하면 안 된다는 거예요. 우리나라 속담에 '언 발에 오줌 누기'라는 말이 있어요. 한때 도움이 되지만 효력이 바로 사라지는 경우를 의미합니다. 복지나 환경 문제에서 국가가 조금 도와주는 시늉은 하지만 그 노력이 너무 작아서 실제로는 효과를 낼 수가 없는 경우, 기본권을 과소 보호한 것으로 봐요. 우리나라의 기후 소송에서 문제로 삼은 것이 바로 이 점이었습니다.

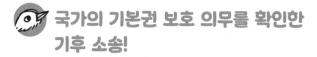 국가의 기본권 보호 의무를 확인한 기후 소송!

이제까지 우리나라에서 기본권 보호 의무를 위배했다는 이유로 위헌 판결이 난 사건은 단 한 건밖에 없었습니다. 그만큼 조건이 까다롭지요. 그런데 이번 기후 소송에서 기후 위기에 대해 국가가 기본권 보호 의무를 위배하였다는 판결이 났어요. 앞으로 더 많은 곳에 큰 영향을 미칠 수 있는 기적적인 판결이라고 많은 헌법 학자들이 평가했습니다.

Stage 6

국회와 정부는 무엇을 잘못했나요?

대한민국이 기후 악당 국가로 유명하다는 걸 알고 있나요?

온실가스 배출량 감축의 기준이 되는 해는 1990년입니다. 우리나라의 온실가스 배출량은 1990년 3억 톤에서 2022년 7억 톤으로 두 배 이상 늘어났어요.

같은 기간 동안 영국은 온실가스를 절반 정도로 감축했고, 독일과 프랑스 등 유럽 주요 국가들도 약 30퍼센트 감축했어요. 일본도 10퍼센트 정도를 줄였지요. 세계의 선진 국가 중에서 온실가스 배출량이 이렇게 늘어난 건 우리나라밖에 없어요.

그 결과 대한민국은 2022년 기준 OECD 가입국 중 미국, 일본, 독일에 이어 온실가스 배출량 4위 국가가 되었습니다. 거의 매년 세계의 기후 단체들로부터 **기후 악당상**을 받는 지경이지요.

부끄러운 일이지요? 그런데 이는 부끄러운 것을 넘어

위험하고 나쁜 일입니다.

기후 위기는 한 나라의 일이 아니고 전 세계의 일이에요. 최근 30여 년간 다른 나라들은 열심히 온실가스를 줄여 왔는데, 우리나라만 신나게 두 배로 배출했다는 사실은 우리나라가 기후 위기를 더 심하게 만들어 인류 전체를 위험에 빠트리고 있다는 의미예요.

이렇게 기후 악당 노릇을 계속하면, 그 피해는 전 인류뿐만 아니라 다시 우리에게 고스란히 돌아와서 국민의 생명과 안전을 위협하게 됩니다.

도대체 무엇 때문에 전 세계 국가들이 온실가스 배출을 줄여 가고 있는 상황에서 우리나라만 거꾸로 행동하는 일이 발생했을까요?

간단히 말하면, 국회와 정부의 무책임 때문이었어요.

🌿 온실가스 감축 목표 행방불명 사건

우리나라는 2010년에 저탄소녹색성장기본법을 만들었어요. 그때는 아직 2015년 파리협정도 체결되지 않은 시기여서, 정부는 선진적으로 기후 법률을 만들었다며 전 세계에 자랑하기도 했습니다. 그런데 이 법에서 온실가스 감축 목표를 확실히 정하지 않고, '정부가 정한다.'라고만 써 두었어요. 정부에게 마음대로 온실가스 감축 목표를 정할 권리를 준 것이지요.

치명적인 잘못이었습니다.

국민의 기본권을 보장하기 위해서 중요한 사항은 법률 조항으로 직접 정해야 하고, 법률에서 정부의 대통령에게 위임하는 경우에는 **구체적으로 범위를 정해서 맡겨야 한다**고 헌법 75조에 나와 있어요.

그런데 저탄소녹색성장기본법은 그냥 정부가 다 알아서 하라는 내용으로 만들었으니 헌법 75조를 위반한 것이 분명했습니다. 그 결과 우리나라의 2020년 온실가스 감축 목표가 아무 역할도 못 하고 사라져 버리는 대형 사고가 발생했어요.

좀 더 자세히 설명해 볼게요.

정부는 2010년에 우리나라의 2020년 온실가스 배출량 목표를 5억 4300만 톤으로 정했습니다. 그리고 6년 후인 2016년에 정부는 저탄소녹색성장기본법 시행령을 고치면서 슬그머니 2030년 온실가스 배출량 목표를 5억 3600만 톤으로 정했어요.

잘 보세요,
2030년의 배출량 목표는 2020년과 거의 비슷하지요?
그런데 목표 연도는 무려 10년이 미루어졌어요.

그러는 동안 우리나라의 온실가스 배출량은 통제되기는커녕 계속 증가해서 2018년에는 7억 2700만 톤에 이르렀어요. 감축 목표보다 2억 톤 가까이 많은 양이었지요. 더 나쁜 것은 2010년에 정했던 2020년 온실가스 감축 목표가 스리슬쩍 사라져 버렸다는 거예요.

정말 무책임한 일 아닌가요?

지금까지 우리나라 정부는 여기에 대해서 단 한마디 설명이나 사과를 한 적이 없습니다. 결국 우리나라의 첫 번째 기후 법률인 저탄소녹색성장기본법은 **아무런 역할도 하지 못하는 불량 법률이 되었지요.**

만일 저탄소녹색성장기본법이 온실가스 감축 목표를 법률 조항에 분명하게 표시했다면, 그래서 2020년 온실가스 감축 목표를 제대로 이행했다면, 한 해 동안 배출하는 온실가스가 지금보다 2억 톤 정도는 더 적었을 거예요. 그랬다면 우리나라가 지금처럼 세계적인 기후 악당 국가로 비판받는 일도 없었을지 모릅니다.

# 1.5도를 지키기엔 한참 부족한 목표

2021년에 국회는 탄소중립기본법을 새로 만들었어요. 여기에는 온실가스 감축 목표가 좀 더 분명하게 나와 있어요. 정부는 이 법에 따라 2030년까지 온실가스 배출을 2018년 대비 40퍼센트 줄이겠다고 결정했지요. 그러면서 이 정도면 많이 감축하는 것 아니냐고 주장했습니다. 그러나 문제는 그게 아니에요.

이 감축 목표로 지구의 평균 온도 상승을 1.5도 이하로 막을 수 있을까?

그래서 기후 위기의 심각한 결과를 피할 수 있을까?

이것이 진짜 질문이니까요.

2015년 파리협정은 기후 위기를 해결하기 위해 전 세계가 합의한 매우 중요한 국제 조약이에요. 모든 국가가 지구 온도 상승을 1.5도 수준으로 제한하겠다는 목표에 동의했어요. 그리고 5년마다 국가 온실가스 감축 목표를 제출하도록 했는데, 앞으로 10년간 온실가스를 얼마나 줄일 것인지 계획을 세워 공유하자는 것이었지요.

● 파리협정에는 '1.5도 또는 현저하게 2도보다 낮은 수준'이라고 규정되어 있어요. 그런데 최근에는 '현저하게 2도보다 낮은 수준'이 사실상 1.5도와 동일한 것이라고 인정되고 있어서, 파리협정에서 정한 지구 온도 목표는 산업화 이전 대비 지구 평균 기온 상승을 1.5도로 제한하는 것으로 생각하면 됩니다.

이것은 큰 성과였어요. 국제법으로 여러 나라가 각자의 입장을 조율하고 합의해, 법적 의무를 갖는 것은 쉽지 않은 일이기 때문이에요.

파리협정은 더 많은 참여를 유도하기 위해서 개별 국가의 온실가스 감축 목표에 대해 구체적인 수치까지는 통제하지 않고, 각 나라가 **책임감**을 가지고 감축 목표를 정해서 제출하도록 했습니다. 이를 상향식 방법이라고 해요. 충분히 이해되는 일이지만, 바로 이 점 때문에 **현재 파리협정에 심각한 문제가 발생하고 있어요.**

유엔환경계획에서는 우리나라를 포함하여 각 나라들이 스스로 계획한 온실가스 감축 목표를 다 이행한다고 해도 21세기 말 지구 온도는 2.9도까지 올라가게 될 거라고 발표했어요. 이 사실은 우리나라 정부 보고서에서도 이미 인정하고 있습니다.

온실가스를 감축하려 노력하고 있지만 파리협정의 목표는 이룰 수 없다는 사실.

그럼에도 각 나라에 목표를 더 높이라고 명령할 수는 없는 상황.

이는 세계가 기후 위기에 효과적으로 대응하는 데 큰 걸림돌이 되고 있습니다.

우리나라 정부가 정한 감축 목표량은 파리협정의 목표를 달성하기에도 부족할 뿐 아니라, **다른 나라의 감축 목표보다 훨씬 약하고 한국 몫의 탄소 예산을 넘는 수치예요.**

그래서 우리는 기후 위기를 막고 기후 인권을 보호하기에 정부의 감축 목표가 부족하다고 주장했어요. 헌법 재판소가 2030년 대한민국의 온실가스 감축 목표를 정한 법을 위헌으로 판단하고, 더 적극적으로 감축하도록 명령해 달라고 했지요. 기후 소송 1차 공개 변론 때 정부 측에서도 감축 목표를 더 강화해야 한다는 건 분명히 인정했어요.

파리협정만을 가지고 상황을 살펴보아도 되는 건가요? 온실가스 감축을 위해 좀 더 적극적인 방법을 모색하여야 하는 것이 아닌가요?

헌법 재판관

정부 측 대리인

파리협정만 가지고는 부족한 것 같습니다. 국제적으로 목표를 더 강화할 수 있는 계기는 필요하다고 생각합니다.

최선의 목표라고 인정하는 건 아니다!

아쉽게도 헌법 재판소는 2030년 온실가스 감축 목표가 위헌이라고 판결하지 않았어요. 그렇다고 해서 이 목표가 최선이라고 인정한 것은 아니에요. 헌법 재판소는 혹시라도 이 점에 오해가 있을까 봐, 판결문에 특별히 적어 놓기까지 했지요.

헌법 재판소 결정문 42면

2030년까지의 온실가스 감축 목표 비율인 '2018년 대비 40퍼센트만큼 감축'이라는 수치만으로는 기후 위기의 위험 상황에 상응하는 보호 조치로서 필요한 최소한의 성격을 갖추지 못하였다고 볼 수 없다는 것은 … **위와 같은 수치가 2050년 탄소 중립에 이르기 위한 중간 목표로서 최선이라는 취지는 아니다.**

우리가 실망하지 않을 수 있는 것은 2021년 독일에서도 우리나라 헌법 재판소와 똑같이 소극적인 판결을 했지만, 그 이후 법을 개정하면서 위헌 판결을 받지 않은 독일의 2030년 감축 목표까지 강화해 고친 사례가 있기 때문이에요.

우리나라도 독일처럼 앞으로 법을 개정할 때에 2030년 온실가스 감축 목표까지 더 높일 수 있을 거라 믿고, 그렇게 되도록 계속 노력하기로 다짐했지요.

우리나라를 비롯하여 모든 나라의 온실가스 감축 목표를 더 강화하기 위한 노력과 싸움은 이번 기후 소송 하나로 끝나는 것이 아니에요. 앞으로도 다음 시기의 온실가스 감축 계획을 세울 때마다 그 내용이 파리협정의 목표에 부합하도록 애써야 하지요.

2031년부터는 아무 계획이 없다?

탄소중립기본법은 2050년까지 탄소 중립을 달성하겠다고 선언했지만, 2030년 목표만 설정했을 뿐 2031년부터 2049년까지의 온실가스 감축 계획은 구체적으로 정하지 않았어요. 2031년 이후에는 도대체 어떤 일이 벌어질지, 그 뒤로 선출되는 정부와 국회가 어떤 내용으로 각각의 시기에 대한 온실가스 감축 목표를 정할지 아무도 알 수 없는 상황이 돼요.

탄소 중립을 실현하려는 **의지가 부족했다**는 걸 보여 주지요.

> ### 탄소중립기본법 8조
>
> ① 정부는 국가 온실가스 배출량을 **2030년**까지 2018년의 국가 온실가스 배출량 대비 35퍼센트 이상의 범위에서 대통령령으로 정하는 비율만큼 감축하는 것을 중장기 국가 온실가스 감축 목표로 한다.

탄소 중립을 달성하려면, 장기적인 관점에서 체계적으로 계획을 세워야 해요. 초반에는 과잉으로 쓰는 화석 연료를 빠르게, 많이 줄이는 것이 비교적 수월해요.

그렇지만 시간이 지날수록 반드시 온실가스를 배출할 수밖에 없는 영역만 남게 돼요. 마지막에 남는 필수 불가결한 부문의 탄소까지 줄이는 일은 아주 어렵지요.

그래서 온실가스는 매년 똑같은 수치만큼 줄이는 게 아니라, **초기에는 많이 줄이고 나중에는 조금씩 줄여 나가게 됩니다.**

그런데 2024년의 탄소중립기본법으로는 앞으로 새로운 정부나 국회가 들어서서 2035년, 2040년, 2045년의 온실가스 감축 목표를 아주 조금씩만 줄이도록 정할 수 있어요. 그럼 시간이 지날수록 줄여야 할 탄소의 양은 많아질 거예요. 2050년에 임박해 여태껏 줄이지 못한 탄소를 한꺼번에 줄이기란 불가능합니다.

우리는 이런 문제를 이미 한번 겪었어요. 저탄소녹색성장기본법에서 2020년 온실가스 감축 목표를 지키지도 않고 없애 버린 일을 기억하죠? 선거를 통해서 국회와 정부 구성원들이 바뀌더라도, 해마다 정확히 정해 둔 온실가스 감축 목표를 달성할 수 있도록 법을 고칠 필요가 있었어요.

헌법 재판소 재판관은 **전원 일치**로 탄소중립기본법 8조 1항이 헌법에 맞지 않다고 판결했어요. 그리고 국회에 2026년 2월 말까지 탄소중립기본법을 개정하여 2031~2049년의 온실가스 감축 목표를 정하라고 명령했지요.

🐝 눈속임으로 줄인 감축 목표

    1차 탄소중립기본계획은 정부에서 2030년까지 온실가스 배출량을 2018년 대비 40퍼센트 줄이기 위해 구체적인 계획을 세운 것입니다. 그런데 여기에 **해도 해도 너무 심한** 잘못이 있었어요. 계산은 기준에 따라 정확하게 해야 하잖아요. 그런데 정부는 2018년과 2030년의 온실가스 배출량을 **다른 기준으로 계산했어요.**

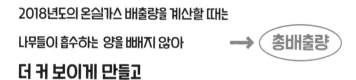

2018년도의 온실가스 배출량을 계산할 때는
나무들이 흡수하는 양을 빼지 않아 ➡ 총배출량
더 커 보이게 만들고

2030년의 온실가스 배출량에서는
나무들이 흡수한 양을 빼서 ➡ 순 배출량
더 작아 보이게 만들었지요

    그러면 2030년의 목표는 2018년에 비해 아주 많이 줄인 것처럼 보이겠지요? 어떤 것을 비교할 때에는 빼려면 똑같이 빼고, 더하려면 똑같이 더해야 하는데 2018년도의 배출량은 늘리고 2030년도의 배출량은 줄이는 방법으로 2018년 대비 상당히 줄였다고 주장하는 건 **말이 안 돼요.**

동일한 기준을 적용해 다시 계산하면, 정부에서 만든 정책이 법을 어기는 결과가 나와요. 약속한 40퍼센트가 안 되거든요. 정부의 2030년 온실가스 배출량 목표는 총배출량을 기준으로 하면 2018년 배출량의 겨우 29.6퍼센트, 순 배출량을 기준으로 하면 36.4퍼센트 줄이는 것이 돼요. 이렇게 기만적인 계산은 정부가 기후 위기에 **진심으로 대응하고 있지 않다**는 걸 보여 줍니다.

이 쟁점에 대해서는 9명의 재판관들이 위헌 5명, 합헌 4명으로 의견이 나뉘었어요. 다수인 재판관 5명의 위헌 의견은 우리의 주장과 같았어요. 다른 기준으로 온실가스 배출량을 비교해 정책을 세우는 것은 국민의 기후 인권을 침해한다는 것이지요.

나머지 4명은 탄소중립기본법에서 말하는 배출량이 순 배출량인지 총배출량인지 정확히 정의되어 있지 않기 때문에, 탄소중립기본계획을 분명하게 위헌이라고 말하기에는 부족하다고 의견을 냈어요.

5 대 4로 위헌 의견이 많았으니까, 우리의 주장이 받아들여졌을까요? 아니에요. 합헌 결정이 났어요. 그 이유는 헌법 재판소에서 위헌 결정이 나려면 재판관 9명 중 3분의 2인 6명 이상이 위헌 의견을 내야 하기 때문이에요. **재판관 딱 한 명이 모자랐던 것이지요.**

그러나, 이것도 실망할 이유는 없습니다.

국회가 탄소중립기본법을 개정할 때, '온실가스 감축 목표에서 비교하는 배출량은 기준 연도와 목표 연도 모두 총배출량(또는 순 배출량)을 의미한다.'라는 문장만 추가하면 되기 때문이에요. 재판관 딱 한 명이 부족한 결과였기 때문에 법을 보충할 명분도 강한, 얼마든지 가능한 일이라고 믿고 있습니다.

딱따구리의 법 노트 법 체계

법의 체계

법에는 정해진 순서와 역할이 있어요.

가장 위에는 헌법이 있고, 그다음으로 법률, 그리고 법률을 구체적으로 시행하기 위한 명령이 있습니다. 이 순서는 단순한 서열이 아니라, 국민의 기본권을 보호하기 위한 중요한 원칙이에요.

헌법은 한 나라에서 가장 중요한 법으로, 국민의 자유와 권리를 보장하며 국가의 기본적인 역할을 정합니다. 헌법을 개정하려면 국회의 의결과 국민 투표가 필요할 정도로 무척 신중하게 생각하지요.

그다음으로 법률이 있는데, 이는 국민이 뽑은 국회 의원들로 구성된 국회(입법부)가 만드는 법으로, 헌법의 원칙을 바탕으로 국민의 삶과 관련된 구체적인 규칙을 정하는 역할을 합니다.

법률 아래에는 정부가 만드는 명령이 있어요. 명령은 법률을 시행하기 위해 필요한 세부적인 사항을 정하는 것으로, 대통령이 만드는 대통령령(시행령)과 각 부처 장관이 만드는 부령(시행규칙)이 대표적입니다.

법률유보 · 포괄위임금지 원칙

법률유보 원칙은 국민의 기본권과 관련된 중요한 사항은 반드시 국회가 만든 법률로 명확히 정해야 한다는 원칙이에요. 즉, 중요한 것은 반드시 법률로 정해야 한다는 의미입니다. 만약 중요한 정책을 하위 법령(대통령령, 부령)에서 임의로 정한다면, 국민의 권리가 불안정해질 수 있어요.

이 원칙을 더 구체화한 것이 포괄위임금지 원칙이에요. 이는 법률이 해야 할 중요한 결정을 하위 법령에 백지위임해서는 안 된다고 못 박습니다. 헌법 75조에 나와 있는 내용이지요.

과거 2010년 저탄소녹색성장기본법에서 국가 온실가스 감축 목표를 대통령령에 백지위임한 사례는 이 두 원칙을 어긴 대표적인 사례였습니다. 이는 법이 국민의 권리를 제대로 보호하지 못했던 상황으로 비판받았어요.

법은 단순한 규칙이 아니라 국민과 국가 간의 약속입니다. 이 약속이 제대로 지켜지려면 헌법, 법률, 명령으로 이어지는 법의 체계와 원칙이 반드시 지켜져야 해요. 그래야 국민의 기본권이 안정적으로 보호되고, 국가 정책이 더 큰 신뢰를 얻을 수 있지요.

 국회가 국민을 위한 법을 잘 만들도록 우리는 어떤 행동을 할 수 있을까요?

Stage 7

기후 소송은 어떻게 진행되었나요?

FINAL STAGE!

자, 이제 모든 것이 준비되었으니, 본격적으로 기후 소송을 진행해 봅시다! 4년이 넘는 소송 기간 동안 여러 가지 일들이 있었어요. 결국은 모두가 힘을 합쳐서 좋은 결과, **아시아 최초의 기후 소송 승소 판결을 만들어 냈습니다.**

 2020년 3월 13일
청소년 기후 헌법 소원 청구

2020년은 한국 기후 소송 역사에서 특별한 해로 기록됩니다. 오랜 시간 청소년기후행동이 기후 위기에 맞서 목소리를 내고, 변호사들이 헌법적 근거를 연구하며 준비해 온 결과를 세상에 내놓는 순간이었어요.

이날, 청소년들과 함께 헌법 재판소를 방문해 헌법 소원 심판 청구서를 직접 제출했습니다. 청소년들은 기자 회견을 열어 기후 소송의 취지와 요구 사항을 설명하며 큰 주목을 받았지요. 국내의 모든 기후 운동 단체와 많은 시민들이 전폭적으로 지지해 주었습니다.

청소년들은 단순히 미래 세대를 위한 외침을 넘어 **지금 여기서** 기후 정의를 실현하기 위해 목소리를 냈습니다. 2018년 여름에 시작한 청소년들의 기후 소송 제안은 이렇게 1년 반 만에 그 싹을 틔우게 되었어요.

 2021년 3월 24일
독일에서 들려온 승리의 소식

우리나라 청소년들이 기후 소송을 낸 것과 비슷한 시기인 2020년 2월, 독일 시민들도 독일 연방 헌법 재판소에 기후 소송을 제기했어요. 그리고 2021년 3월 24일, 독일 헌법 재판소는 역사적인 판결을 내렸습니다. 독일의 연방 기후보호법이 헌법에 어긋난다는 결정을 내린 것이지요. 일부만 승소한 판결이긴 했지만, 큰 의미가 있었습니다.

독일의 법이 2031년 이후의 온실가스 감축 목표를 규정하지 않은 점은 청소년과 미래 세대의 권리를 침해한 것이었어요. 그래서 독일 헌법 재판소는 연방 의회에 법을 고치라고 명령했습니다. 하지만 안타깝게도 독일의 법이 정한 2030년 온실가스 감축 목표가 헌법에 위배된다고 판단하지는 않았어요.

독일 연방 의회는 이 판결을 정말 훌륭하게 받아들였어요. 법을 개정하면서 더 강력한 목표를 세웠지요.

2040년까지 2010년 대비 온실가스를 88퍼센트 감축하고,

2045년에 탄소 중립을 달성하며,

2050년에는 탄소 흡수가 더 많은 상태를 이루겠다고 정했습니다.

심지어 헌법 재판소가 문제 삼지 않은 2030년 감축 목표도 더 높였어요. **판결을 넘어선 더 큰 진전**을 만들어 낸 것입니다.

이런 독일의 노력은 전 세계에 모범이 되었어요. 독일의 헌법 재판소는 유럽에서 가장 영향력 있는 기관으로 인정받고 있고, 우리나라 헌법 재판소와도 긴밀한 관계를 맺고 있습니다. 그러니 독일의 결정을 보면서 우리 헌법 재판소도 기후 소송을 **더 신중하게** 바라보게 되었지요. 우리는 독일 기후 소송 판결의 구체적인 내용을 적극적으로 알리며, 한국에서도 기후 소송의 승소 가능성이 높아질 것이라는 기대를 키웠습니다.

더욱 넓어진 기후 소송

2021년 10월, 우리나라의 녹색당과 기후 시민 단체들이 모인 기후위기비상행동이 탄소중립기본법에 대해 헌법 소원을 제기했어요. 이것은 **시민 기후 소송**이라 불러요. 이미 시작된 청소년 기후 소송과 협력해 만들어진 연합 소송이었지요.

그 뒤를 이어 2022년 6월에는 '정치하는엄마들'이라는 시민 단체와 탈핵변호사모임이 **아기 기후 소송**을 시작했어요. 아기들도 기후 위기의 피해자가 될 수 있다는 점을 강조한 특별한 사례였습니다. 어린 아기들과 양육자들이 함께 기후 위기에 목소리를 낸, **전 세계에서 처음 있는 소송이었지요.**

한국 기후 소송은 점점 더 많은 사람들과 함께하며 힘을 키워 갔습니다. 청소년 기후 소송, 시민 기후 소송 그리고 아기 기후 소송까지, **모든 세대가 함께 목소리를 내는 소송으로 발전했어요.**

특히 이런 세대 간 연합은 가장 폭넓은 기후 소송이라는 점에서 전 세계의 주목을 받았어요. 각 소송의 청구인단은 서로 긴밀히 협력했고, 변호사들 역시 끈끈한 연대를 통해 강력한 팀워크를 발휘했습니다.

 2023년 8월
국가인권위원회가 힘을 보태다

국가인권위원회는 2001년에 설립된 국가 기관으로, 모든 사람이 가지는 기본적 인권을 보호하고, 더 나은 사회를 만드는 데 기여하는 중요한 역할을 하고 있어요. 우리나라에서 헌법 재판소와 함께 국민의 인권을 지키는 중요한 기관이기 때문에, 국가인권위원회의 공식적인 의견은 헌법 재판소나 법원 같은 정부 기관에서 매우 중요한 참고 자료로 받아들여집니다.

국가인권위원회는 기후 변화가 현재 우리 사회에서 **가장 중요한 인권 문제 중 하나라고 판단했어요.**

그래서 소송의 내용을 꼼꼼히 살펴본 뒤 2023년 8월 21일 헌법 재판소에 의견서를 제출했는데, 이렇게 주장했어요.

"탄소중립기본법과 시행령이 현재 세대와 미래 세대의 자유와 권리를 제대로 보호하지 못했다."

특히 2031년 이후의 온실가스 감축 목표가 법에 명시되지 않은 점과 2030년 목표가 충분하지 않은 점이 국민의 권리를 침해한다고 판단했습니다. 이는 헌법이 정한 국가의 기본권 보호 의무를 다하지 못한 것이라고 지적했지요.

국가인권위원회의 의견서는 국가 기관이 기후 헌법 소원이 타당하다는 것을 처음으로 인정한 것이었기 때문에 큰 의미가 있었어요. 그래서 우리는 **청구인들이 제출한 네 건의 헌법 소원에 이어, 국가 기관이 제출한 다섯 번째 헌법 소원**이라며 기뻐했지요.

2024년 2월
헌법 재판소, 공개 변론을 열기로 하다

기후 소송을 맡은 변호인들에게 흥미로운 소식이 전해졌습니다. 헌법 재판소가 네 건의 기후 소송을 하나로 병합하고, 두 차례의 공개 변론을 열기로 결정한 것이었어요!

공개 변론이란, 헌법 재판소에서 **사회적으로 매우 중요한 사건**이라고 판단했을 때 여는 특별한 재판입니다. 사건에 관련된 변호인들과 전문가들이 법정에 직접 나와 의견을 발표하고, 재판관들이 이를 듣고 질문하며 논의하는 방식이지요.

일반 법원의 소송은 재판을 열어 변론을 듣는 것이 기본이지만, 헌법 재판소는 서류를 통해 심리하고 판단하는 경우가 대부분입니다. 그런데 공개 변론을 두 번이나 열기로 한 것은 이 사건이 **헌법적으로도, 인권 보호 측면에서도 매우 중요하다**는 점을 인정한 거예요.

이 소식은 기후 소송을 진행해 온 사람들에게 큰 희망과 힘이 되었어요. 헌법 재판소가 기후 소송의 중요성을 명확히 보여 주면서, 우리의 목소리가 점점 더 강하게 퍼지고 있다는 것을 확인할 수 있었던 순간이었습니다.

공동 대리인단의 결성과 활동

처음에는 각 기후 소송마다 서로 다른 변호사 팀이 따로 움직였어요. 2020년 시작된 청소년 기후 소송은 소송 전문 변호사와 기후 전문가, 국제 협력을 맡은 미국 변호사들이 진행 중이었고, 2021년 제기된 시민 기후 소송은 녹색당 소속 변호사가 중심이 되어 이끌었어요. 이어서 2022년의 아기 기후 소송과 2023년 탄소중립기본계획 헌법 소원은 인권 변호사들이 주도했어요. 이 세 팀은 이미 긴밀하게 협력해온 사이였지만, 각자 맡은 소송은 따로 준비하고 있었습니다.

그런데 2024년 2월에 네 건의 기후 소송이 병합되면서 상황이 달라졌습니다. 이제 각 팀의 변호사들은 힘을 합쳐 공동 대리인단을 구성하게 되었어요. 청소년, 시민, 아기 기후 소송이 뭉쳐 총 9명의 국내외 변호사들로 이루어진 **대한민국 기후 소송 대리인단이 탄생했습니다.**

우리는 2월부터 5월까지 월요일마다 모여 함께 회의하며 공개 변론을 준비했어요. 헌법 재판소에 내야 할 서류 작업만 해도 엄청났습니다. **매주 100쪽이 넘는** 문서를 작성해 제출했고, 과거 소송에서 썼던 자료들을 모두 정리한 종합 변론 요지서, 헌법 재판소의 질문에 대한 답변서, 전문가 참고인들의 의견서, 정부 변호인의 주장에 대한 반박 문서까지 준비했어요.

두 차례의 공개 변론에서는 재판 시작과 끝에 발표를 하고, 재판관들의 즉석 질문에 대한 답변도 해야 했어요. 이를 위해 리허설까지 하며 **만반의 준비**를 했습니다.

9명의 변호사는 저마다 경험 많고 열정 넘치는 사람이라, 변론 방향과 방법을 두고 한 달 넘게 치열한 토론과 논쟁을 벌였습니다. 더 나은 주장을 찾기 위해 서로 **날카롭게 비판하기도 했고, 그 과정에서 때로는 감정이 격해지기도 했지요.** 하지만 기후 소송을 반드시 승리로 이끌겠다는 공동의 목표가 있었기에, 그 열정은 팀워크로 이어졌습니다.

매주 힘든 작업이 이어졌지만, 변호사들 사이에는 강한 동지애가 자랐어요. 한 변호사가 "대형 로펌에서도 이런 열정적인 팀은 본 적이 없어요."라고 감탄할 정도로, 모두가 최선을 다했습니다. 저 또한 25년 넘는 변호사 생활 중 **이렇게 열심히, 그리고 즐겁게** 소송을 준비한 경험은 없었던 것 같아요.

🌿 청구인들의 노력과 활동

공개 변론 일정이 확정되자 청소년기후행동의 청구인들도 본격적으로 움직이기 시작했습니다.

2024년 4월 19일, 서울 종로구 보신각 앞에서 **기후 대응 이의 있음!: 우리는 헌법 재판소로 간다**라는 이름으로 기후 파업 시위를 열었어요. 이 자리에서 청소년들은 시민들에게 기후 소송의 진행 상황을 알리고, 헌법 소원이 가져올 변화를 향한 기대를 나누었습니다.

청소년기후행동은 기후 소송에 대한 국민들의 의견을 모으는 특별한 프로젝트도 시작했어요. '국민참여의견서'라는 이름으로, 기후 위기를 직접 겪고 있는 다양한 사람들의 말과 글을 온라인과 오프라인에서 모았는데요. **결과는 놀라웠습니다.**

전국에서 **5289명**이 참여해 자신들의 간절한 생각을 공유했어요.

이 중 90퍼센트가 10~30대로, 기후 정책 결정 과정에서 그동안 목소리가 제대로 반영되지 않았던 세대였습니다. 이렇게 모인 의견서는 국민의 생생한 목소리로서 **재판관들에게 전달되었습니다.**

이뿐만 아니라 기후 운동 단체와 시민들도 힘을 합쳤습니다. 그동안 각자의 자리에서 기후 위기 극복을 위해 애써 온 사람들이 이번 소송이 우리나라 기후 운동의 중요한 계기가 될 것이라고 믿으며 많은 도움을 주었어요. 이 모든 활동은 단순히 법정에서의 싸움을 넘어 **청소년과 시민들이 직접 목소리를 내고 행동하는 과정으로 이어졌습니다.**

2024년 4월 23일 · 5월 21일
두 번의 공개 변론

첫 번째 공개 변론은 2024년 4월 23일 헌법 재판소 대법정에서 오후 2시부터 7시까지 **무려 5시간 동안** 진행되었습니다. 이 자리에서는 탄소중립기본법이 헌법에 위배되는지를 두고 청구인 측과 정부 측 변호사들이 나서서 변론을 펼쳤어요.

5월 21일에 열린 두 번째 공개 변론은 더욱 심도 있는 논의로 진행되었습니다. 헌법 재판관들이 청구인과 정부 측 변호사들에게 날카로운 질문을 던지고 답변을 듣는 과정이 2~3시간 정도 이어졌어요. 이날

의 특별했던 순간은 **청구인들이 직접 헌법 재판관들 앞에서 진술한 시간**
이었어요.

기후 위기 문제를 현실적으로 가장 빠르게
해결하기 위해 헌법 소원을 청구했습니다.
헌법 소원은 우리가 던지는 마지막 희망이
될 것입니다.

청소년 기후 소송
♡♡♡ 청구인

시민 기후 소송
ϞϞϞ 청구인

기후 위기로부터 국민의 기본권을 지키는
데 무책임한 상황들이 계속되고 있습니다.
우리가 사랑하는 각자의 삶과 공동체를 지
키고, 희망의 버팀목이 되는 판결을 헌법
재판소가 해 주십시오.

지금의 어른들이 기후 위기 해결과 같은
중요한 책임을 피하고, 미래의 어른인 우
리에게 떠넘기고 있는 것 같아 이 소송에
참여했습니다. 이 소송은 미래를 위해 할
수 있는, 해야만 하는 것입니다.

아기 기후 소송
☆☆☆ 청구인

청소년과 시민, 아기 기후 소송을 대표하는 청구인들이 기후 위기에 대한 진솔한 생각과 요구하는 바를 생생히 전했습니다. 특히 당시 열두 살이던 어린이 청구인의 발언은 헌법 재판소 판결문에 직접 인용되며 깊은 울림을 남겼지요.

헌법 재판소 결정문 59면

"어른들은 투표를 통해 국회 의원이나 대통령을 뽑을 수 있지만, 어린이들은 그럴 기회가 없습니다. 이 소송에 참여한 것이 미래를 위해 제가 할 수 있는, 또 해야만 하는 유일한 행동이었습니다."라는 진술은 …

두 번째 공개 변론에서 제가 **최후 변론**을 맡았습니다. 5년 동안 이 기후 소송을 준비하면서 수없이 다짐했던 말을 드디어 재판관들 앞에서 전할 순간이었지요. 저는 진심을 담아 말했습니다.

"지금 전 세계 기후 위기의 파국을 막을 수 있는 사람들은 누구일까요? 그것은 바로 지금 이 자리에서 대한민국 기후 소송의 공개 변론을 심리하고 계시는 헌법 재판소의 재판관님들입니다."

이 말은 단순한 변론이 아니라, 오랜 시간 우리 대리인단과 청구인들이 온 마음을 다해 만들어 온 소송의 결론이자 기후 인권을 위한 마지막 호소였습니다. 저는 이 순간이 법적인 절차를 넘어, **미래를 위한 중요한 선택의 시간**이라고 믿었어요. 이렇게 진심이 통하기를 바라는 마음으로, 5년에 걸친 소송 활동을 마무리했습니다.

 2024년 8월 29일
아시아 최초 기후 소송 헌법 불합치 결정!

2024년 8월 29일 목요일 오후 2시, 대한민국 헌법 재판소 대법정에서 마침내 기후 소송에 대한 판결이 선고되었어요.

이 역사적인 순간을 함께하기 위해 청구인들과 대리인단은 직접 출석해 판결을 들었습니다.

"탄소중립기본법 8조 1항은 대한민국 헌법에 합치되지 않는다."

헌법 재판소는 헌법 불합치 결정을 내렸습니다.

헌법 불합치 결정이라는 것은 법률이 헌법을 위반했음을 인정하되, 곧장 그 법률을 무효로 하지는 않고 법률을 고칠 시간을 주는 방식이에요. 법률을 당장 무효로 만들면 사회에 혼란스러운 사태가 벌어질 수 있어요. 그래서 헌법 재판소는 국회에 일정한 기간 동안 해당 법률을 헌법에 맞게 개정하도록 시간을 주지요. 그 시한이 지나도록 법률을 제대로 고치지 않으면 그 법률은 무효가 됩니다.

　　판결이 선고되던 순간, 법정에 있던 청구인들과 변호사들은

기후 소송의 승리를 확인하며 손을 들어 환호했습니다.

대한민국에서 처음으로, 기후 위기 속에서 국가가 국민의 기본권을 보호해야 할 의무를 헌법적으로 인정한 역사적인 순간이었어요.

　　오랫동안 준비해 온 우리의 기후 소송이 마침내 열매를 맺은 것이지요. **헌법 재판관 9명 모두**는 2031~2049년의 기간에 대한 온실가스 감축 목표가 법으로 정해지지 않은 것은 헌법에 위배된다고 결정했습니다.

　　이 판결은 즉시 **아시아 최초의 기후 소송 승소 판결**로서 국내외에서 큰 환호를 받았습니다. 그동안 유럽에서는 네덜란드, 독일, 벨기에, 유럽 인권 재판소로 이어지는 기후 소송 승소 흐름이 있었어요. 미국에서도 하와이주와 몬태나주 대법원에서 기후 소송 승소 사례가 있었지요. 그런데 아시아 대륙에서는 기후 소송 승소 판결이 아직 없었습니다. 대한민국의 이번 판결로 아시아에서 기후 소송 운동의 새로운 시작을 알리는 중요한 발걸음을 내딛게 되었어요.

우리나라 헌법 재판소의 선고가 이루어지던 같은 시간, 일본에서는 아시아·태평양 지역 공익·인권 변호사들의 세미나에서 한국의 기후 소송을 소개하고 있었어요. 그때, 기후 소송이 승리했다는 뉴스가 전해지자 **현장에 있던 모두가 환호했다고 해요.**

2024년 9월·10월
판결 이후 따뜻한 시간들

기후 소송에서 헌법 불합치 판결이 선고된 뒤 9월과 10월에는 승리의 여운을 함께 나누는 따뜻한 만남들이 이어졌어요.

첫 번째 자리는 청소년기후행동 사무실에서 열렸습니다. 청소년들이 직접 잔치국수와 김밥을 만들어 주었지요. 소송을 준비하고 이어 온 지난 5년의 시간 동안 **서로를 믿고 버텨 준 청소년 청구인들과 그들의 든든한 조력자였던 변호사들**이 웃음 가득한 점심 식사를 하며 함께 축하했습니다.

10월 16일에는 기후 소송 판결의 의미와 향후 과제를 함께 이야기하는 토론회가 열렸어요. 청소년 기후 소송, 시민 기후 소송, 아기 기후 소송의 청구인들과 대리인 그리고 기후 문제에 관심 있는 시민들과 전문가들이 함께했지요.

이 자리에서는 해외에서 보내온 축하 영상과 메시지가 상영되었고, 소송의 성과를 정리하며 **앞으로 기후 법률이 제대로 고쳐지기까지 우리가 해야 할 일들**에 대해 진지하게 이야기 나눴어요. 서로를 응원하며 다음 걸음을 준비하는 시간이었습니다.

딱따구리의 법 노트

헌법 재판소에서의 변론

저는 지금까지 수백 건의 재판을 해 왔지만, 헌법 재판소에서 공개 변론을 한 것은 이번이 처음이었습니다. 그래서 처음에는 솔직히 조금 긴장했어요. 9명의 헌법 재판관 앞에서 변론을 해야 했으니까요. 일반 법원에서 1명 또는 3명의 재판관 앞에서 변론할 때에도 재판관의 태도와 반응에 따라 분위기가 좌우되는 경우가 많아서, 이번에는 더 떨릴 것 같다고 생각했지요.

그런데 막상 헌법 재판소의 공개 변론은 예상과 전혀 달랐습니다. 헌법 재판관들의 질문과 반응은 모두 친절했고, 변론 중에도 위압감을 느끼지 않았어요. 왜 그랬을까? 생각해 보았더니, 이런 점이 있었습니다.

일반 법원에서는 재판관이 개별 사건에 더 큰 권한을 행사하기 때문에, 재판관 한 명의 반응이나 태도가 재판 분위기에 큰 영향을 미칩니다. 재판관이 호의적으로 반응하면 재판에 출석하는 일이 편하고 즐겁지만, 의심스러워하거나 부정적인 태도를 보이면 재판에서 변론하는 일이 무척 불편하고 힘들게 되지요.

한편 헌법 재판소는 9명의 재판관이 공동으로 판결을 내리는 곳입니다. 즉, 재판관 한 명 한 명이 가지고 있는 권한은 전체의 9분의 1로 나뉘어 있어요. 헌법 재판소에서는 재판관들이 서로의 의견을 존중하며 합의하는 과정을 거쳐야 하므로, 권위적인 분위기 대신 친절하고 부드러운 방식으로 재판이 진행되었습니다. 그래서 처음의 걱정과 달리, 공개 변론에서 더 당당하고 차분하게 제 역할을 할 수 있었지요.

헌법 재판소는 법과 정의를 다루는 협력적이고 존중 어린 기관이라는 걸 느낄 수 있었습니다.

Stage 8

기후 스승으로 무엇을 얻었나요?

일행이 세계를 구했습니다!
담대한 여정을 이어 가겠습니까?

END? AND!!!

드디어 대한민국 기후 소송은 역사적인 승리를 거뒀습니다. 이제 중요한 것은 우리의 승리를 밑거름으로 삼아, 기후 위기 해결을 위해 더 나아가는 거예요. 그렇다면 이번 기후 소송 판결로 우리는 무엇을 얻었을까요? 하나씩 살펴봅시다.

헌법이 인정하는 국가 위험 상황

대한민국 헌법 재판소의 기후 소송 판결은 사법 기관이 기후 위기를 국가 위험 상황으로 처음 인정했다는 점에서 큰 의미를 지닙니다. 단순히 기후 위기는 심각하다는 선언이 아니라, 기후 위기가 국가가 책임지고 대응해야 할 중대한 위험 상황이라는 점을 헌법으로 확인한 것이지요.

헌법 재판소는 이번 판결에서 **위험 상황으로서의 기후 위기**라는 표현을 사용했어요. 이는 현재의 기후 위기가 적당한 노력만 기울이면 되는 단순한 과제가 아니고, 국가가 심각하게 대응하지 않으면 국민의 기본권을 위협하는 국가적 위기임을 뜻합니다.

기후 위기는 국가가 앞장서서 대응해야 할 헌법적 의무를 요구하는 문제라는 것을 확인한 것입니다.

헌법 재판소는 결정문에서 인간 활동으로 온실가스를 배출한 것이 지구 온난화를 만든 주된 원인이라는 점을 과학적 사실로 인정했어요. 그리고 지구 온난화는 자연스러운 기후 변동의 범위를 넘어서 급격한 변화를 만들어 낸다는 점, 이런 기후 변화는 폭염, 가뭄, 홍수, 물 부족, 식량 위기, 해수면 상승 등 극단적인 현상을 초래한다는 점, 지구 온난화가 특정 한계점(티핑 포인트)을 넘으면 돌이킬 수 없는 변화를 가져온다는 점도 인정했습니다.

그러므로 국가가 앞장서서 온실가스를 감축하는 일은 긴급하게 필요한 일에 해당하고, 지구 평균 온도의 상승을 1.5도 수준으로 억제

하려면 탄소 중립을 이루기까지 온실가스 배출량을 감축해야 한다는 것이 헌법 재판소 판결을 통해 헌법적 사실로 인정되었습니다. 이것은 대한민국이 지금 이 순간과 미래의 기후 위기에 대응하는 데 있어 매우 중요한 성과예요.

이 판결 덕분에 앞으로는 기후 관련 **소송을 하거나 법률과 정책을 만들 때** 기후 위기가 국가의 책임과 의무를 요구하는 국가적 위험 상황이라는 점을 부인할 수 없게 되었어요.

기후 위기는 모두의 공통된 인식 같지만, 일부 특정 세력이나 기업인들은 기후 위기를 부정해요. 기후 위기는 과학적으로 증명이 안 된 것이고, 지구 온도가 올라가는 것은 인간 활동의 결과가 아니라 자연의 변동 과정이므로 굳이 법과 정책을 바꾸면서까지 온실가스 배출을 줄일 필요가 없다고 말하지요. 하지만 우리나라에서는 헌법 재판소가 기후 위기를 과학적으로 인정하고, 국가의 대응 의무를 명시함으로써 기후 위기 부정론이 설 자리를 잃게 되었습니다.

상식이 법적으로 확인될 때 그 의미와 영향력은 훨씬 커져요.

이제 우리나라는 기후 위기가 국민의 기본권을 위협하는 국가적 문제임을 누구도 부정할 수 없으며, 모든 정책과 소송에서도 **이 판결이 중요한 기준으로 작용할 거예요.**

국가가 보장하는 기후 인권

앞에서 우리나라의 헌법에는 '기후'라는 단어가 없다는 얘기를 했었지요? 헌법을 개정했던 1987년 당시에는 아직 지구 온난화로 인한 기후 위기를 사람들이 잘 모르고 있었기 때문입니다. 그러니 청소년과 국민들의 기후 인권이 헌법으로 인정될 수 있는 권리인지 아닌지는 아직 확실하지 않은 '열린 질문'이었어요.

이번 헌법 재판소의 위헌 결정은 기후 위기의 심각성을 언급한 것을 넘어, 기후 인권을 헌법적 권리로 처음으로 인정했다는 점에서 의미가 커요.

헌법 재판소는 청구인들이 주장한 기후 인권이

헌법이 보장하는 기본권에 해당하며

이에 대한 국가의 기본권 보호 의무와 침해 금지 의무도

지켜져야 한다고 했어요.

헌법 35조에 규정된 환경권을 넘어, 기후 위기와 관련된 국민의 권리를 국가의 책임으로 명확히 선언한 거예요.

이제 헌법 재판소의 판결을 통해서 기후 인권은 헌법 조항에 쓰인 것과 똑같은 대접을 받게 되었어요. 그러니까 앞으로 기후 법률이나 기후 정책에 심각한 문제가 있을 때에는 얼마든지 **이번 판결로 인정된**

기후 인권에 기초해서, 그리고 이번 판결이 확인한 **국가의 기후 위기 대응 의무를 근거로 해서** 소송을 제기해 문제를 바로잡기 수월해진 것이지요.

이번 승소 판결은 기후 소송의 끝이 아니라 **수많은 기후 소송의 문을 활짝 연 또 다른 시작이라고 할 수 있습니다.**

앞으로 2050년에 진정한 탄소 중립이 이루어질 때까지 여러분의 손으로 필요할 때마다 또 다른 기후 소송을 만들 수 있어요. 그럴수록 국가는 더 정신을 **바짝** 차리고 기후 위기 대응에 나서겠지요.

🐛 기후 법률의 기준을 높이다

헌법 재판소는 2031년에서 2049년까지의 온실가스 감축 목표를 법률에 명시하지 않은 점을 헌법 위반으로 보았습니다. 단순히 법률이 형식적으로 잘못되었다고 지적한 것이 아니에요. 정부가 기후 위기 대응을 책임감 있게 수행하여 **국민에게 신뢰를 주어야 한다**는 메시지를 담고 있지요.

법에 구체적으로 정해 놓지 않아서 온실가스 감축 목표가 흐지부지 사라진 일을 기억하지요? 이번 판결은 이러한 과거의 실패를 교훈 삼아, 감축 목표를 법률로 명확히 정하지 않으면 정부가 온실가스 감축을 과학적인 방법으로 책임 있게 수행할지 알 수 없고, 미래 세대의 권리를 보장하기 어렵다는 점을 지적했어요.

2031~2049년 감축 목표를 법률로 명시하라는 결정은 파리협정보다 한층 더 **강력한** 기준으로 판단한 거예요. 파리협정은 5년마다 10년 후 목표만 제출하라고 되어 있거든요.

2031년 이후의 감축 목표를 법률로 정하도록 한 것은 독일의 기후 소송 판결에서 시작되었어요. 여기에 이번 대한민국의 기후 소송까지 합세하며, **파리협정의 한계를 극복할 국제적 기후 법률의 기준을 만든 것이지요.**

우리나라의 뒤를 이어 아시아와 유럽 등 곳곳의 국가들이 기후 위기 대응에 **더 적극적인 기준**을 마련하도록 이끈다는 점에서 의미가 큰 판결입니다.

탄소중립기본법 개정 및 개선을 향하여

헌법 불합치 판결에 따라 탄소중립기본법 8조 1항은 2026년 2월 말까지 개정되어야 합니다.

2031년부터 2049년까지의 온실가스 감축 목표를 법률에 명확히 추가하라고 헌법 재판소가 명령했으니까요. 국회는 2030년 감축 목표만 언급한 현재의 법률을 넘어, 2035년, 2040년, 2045년 감축 목표를 구체적으로 정해 법률에 담아야 합니다.

또한 이번 판결에서 위헌이라고 하지는 않았지만, 법을 고치는 김에 기준을 더 높여 **탄소 중립에 한 발짝 더** 다가설 기회를 얻었습니다. **2030년 감축 목표를 강화하는 것, 온실가스 배출량 기준에 대한 정의를 분명히 하는 것**이 더 이루어져야 하지요.

기후 소송의 승소는 기후 위기를 해결하는 첫 걸음일 뿐입니다. 앞으로 기후 법률을 올바르게 고치고, 더 좋은 방향으로 개선하는 일에는 우리 모두의 지속적인 관심과 노력이 필요해요. 이번 결과를 바탕으로 **국회의 책임감 있는 입법과 정부의 실질적 실행을 촉구해야 합니다.**

 ## 전 세계 기후 소송의 희망

대한민국 헌법 재판소의 위헌 결정은 **국제적으로도 매우 중요한 이정표가 되었어요.** 네덜란드 우르헨다 재단의 데니스 판 베르컬 변호사가 판결 당일 영상 통화로 환호와 축하 메시지를 보낸 것도 이러한 의미를 잘 보여 줍니다. 판 베르컬 변호사는 이번 판결이 전 세계 기후 소송의 흐름에서 큰 역할을 한다고 평가했어요.

또한 하버드 로스쿨은 소식지에 한국 청소년 기후 소송을 **한국이 만들어 낸 또 다른 기적(Another Korean Miracle)**이라고 소개하며 우리의 이야기를 전 세계에 알렸습니다.

기후 소송의 국제적 흐름은 한 나라나 사건이 완벽한 해결책을 제공하는 것이 아니라, 각 나라에서 나온 판결들이 집을 짓는 **벽돌과 기둥처럼 서로 연결되며 쌓여 가는 것이어야 합니다.** 네덜란드의 우르헨다 소송은 유럽에서 첫 기둥을 세웠고, 독일과 벨기에의 판결은 이를 더 견고히 다졌어요. 미국 몇몇 주의 대법원이 내린 판결은 또 다른 기둥이 되었습니다.

이제 대한민국 기후 소송 판결을 통해서 아시아 대륙에서도 기후 소송의 기둥이 하나 더 세워진 것입니다.

앞으로 다른 나라들에서도 기후 소송이 이어져서, 세계가 온실가스 감축 노력을 강화하도록 더 큰 목소리를 낼 거예요. 한국의 청소년, 시민, 아기 기후 소송은 더 많은 나라가 동참할, 새로운 시작의 발판이 되었습니다.

대한민국 청소년과 시민들은 기후 소송을 통해 위헌 판결을 이끌어 냈고, 이것은 엄청난 성과입니다. 하지만 이 판결 하나만으로 기후 위기가 해결되는 건 아니에요.

앞으로 법을 고치는 과정에서 2031년부터 2049년까지 어떤 방식으로 온실가스를 줄여야 할지, 구체적이고 확실한 계획을 세워야 해요. 이건 국회 의원이나 정부에게만 주어진 일이 아닙니다. 환경 운동가들만 책임질 일도 아니고요. 기후 위기가 모든 사람에게 영향을 미치는 만큼, 이제는 우리 모두가 힘을 모아 함께 행동해야 합니다.

기후 위기 시대를 살며 낙담하거나 미래를 비관하기보단, 단단한 마음으로 실천을 이어 가야 합니다. 이 책을 읽는 여러분이 바로 그 변화의 시작점이에요.

우리 손으로, 더 나은 기후를 만들어 가요!

여럿이 함께하면 기후 운동은 더 힘이 나고, 우리가 외치는 기후 대응의 목소리도 훨씬 더 멀리 퍼질 수 있어요. 아래 단체나 행사에 참여해 보세요.

청소년기후행동

youth4climateaction.org

기후 위기에 맞서 변화를 만들어 가는 청소년들의 모임이에요. 거리 시위부터 정책 제안, 기후 소송까지 다양한 방식으로 활동하고 있어요. 우리의 삶이 회복될 수 있도록, 안전할 수 있도록 공공성과 사회 안전망이 보장된 세상을 만들기 위해 행동합니다.

기후위기비상행동

climate-strike.kr

기후 위기에 대응하기 위해 다양한 시민 사회 단체와 개인들이 모인 연대 조직이에요. 정부의 기후 정책을 감시하고, 기후 정의를 위한 법과 제도 개선을 요구하며 목소리를 내고 있어요. 기후 행진을 비롯한 여러 활동을 통해 더 많은 시민이 기후 운동에 참여하도록 힘쓰고 있습니다.

환경운동연합

kfem.or.kr

기후 위기를 비롯해 생태, 에너지, 먹거리 등 다양한 환경 문제를 다루는 시민 단체입니다. 지역 기반의 활동부터 전국적인 캠페인까지, 일상 속에서 환경을 지키는 실천을 해요.

생활협동조합

줄여서 '생협'이라고도 부르는 생활협동조합은 소비자들이 돈을 모아 안전한 먹거리와 생활재를 함께 만들고 이용하는 조직이에요. 지역 생산자와 연결된 유기농 먹거리, 플라스틱 줄이기, 공정 무역 실천 등을 통해 친환경적이고 가치 중심적인 소비 문화를 만들어 가고 있어요. 대표적으로 한살림, 아이쿱, 두레생협 등이 있습니다.

아시아 최초로 승리한 대한민국
기후 소송 타임라인

2019년 3월 15일
전 세계 「미래를 위한 금요
일」, 기후를 위한 결석 시위가
처음으로 이루어졌어요.

2018년 8월
기후 위기 대응을 이야기하는
청소년들의 작은 모임이 시
작되었어요.

2020년 3월 13일
청소년 기후 헌법 소원을 청
구했어요.

사진 ⓒ청소년기후행동

2021년 9월 24일
탄소중립·녹색성장기본법
(탄소중립기본법)이 제정
됐어요.

2021년 10월 12일
시민 기후 헌법 소원을 청구
했어요.

2023년 7월 6일
1차 탄소중립기본계획에
대해 헌법 소원을 청구했
어요.

2022년 6월 13일
아기 기후 헌법 소원을 청구
했어요.

2024년 4월 19일
청소년기후행동이 「기후 대응 이의 있음!: 우리는 헌법 재판소로 간다」 기후 파업 시위를 벌였어요.

2023년 8월 21일
국가인권위원회가 헌법 재판소에 기후 소송을 지지하는 의견서를 제출했어요.

2024년 4월 23일
4건의 기후 소송에 대한 첫 번째 공개 변론이 열렸어요.

사진 ⓒ청소년기후행동

2024년 5월 21일
기후 소송에 대한 두 번째
공개 변론이 열렸어요.

2024년 8월 29일
헌법 재판소가 정부의 기후
위기 대응이 국민의 기본권
을 침해한다고 판단하여,
관련 법령에 대해 헌법
불합치 결정을 내렸어요.

2024년 8월 26일
청소년기후행동이 5289
명의 목소리를 모아 「국민참
여의견서」를 헌법 재판소
에 제출했어요.

Later
Is
Too Late
for
Climate
Justice

기후위기
앞에서
누구도
배제되지
않을
권리

Climate
Litigation
for
the Rights
of All

안전한
삶을
지킬
변론

탄소중립기본법

피어대정이 아닌
권리의 주체로

안전한삶을
지킬 변론

기후 헌법소원 첫 공개변론 공동 기자회견
제는 위기가 아닌 판결의 시기

2024년 4월 23일 | 헌법재판소 앞 | 청소년기후소송, 시민기후소송, 아기기후소송, 탄소중립기본계획소송

보고만 있을 수 없어 나섰습니다

전 세계에서 청소년들의 기후 위기를 막기 위한 행동이 동시다발적으로 일어났어요. 이를 '기후를 위한 결석 시위'라고 한국에서 처음으로 이름 붙였지요. 우리는 대통령, 교육부 장관, 환경부 장관, 국회 의원 등 법이나 정책을 결정할 수 있는 이들에게 계속해서 변화를 요구했어요.

우리들의 행동을 시작으로 한국 사회에서 '기후 변화'가 아닌 '기후 위기'라는 말이 익숙해졌고, 기후를 위해 함께 행동하는 사람들의 수가 많이 늘었지요. 시민 수천 명이 거리로 나와 기후 위기가 비상이라고 외치며 행동하도록 불을 지피기도 했어요.

교육청에서는 채식 급식 선택권을 도입하거나, 예산을 맡길 은행을 선정할 때 기후 위기에 어떤 영향을 주는 은행인지 검토하는 등으로 정책을 바꾸기 시작했어요. 교육부 장관은 '기후를 위한 결석 시위'와 같은 청소년들의 기후 행동이 환경 학습권에 해당한다고 인정하기도 했습니다.

이런 행동을 통해 사회는 조금씩 변화했지만, 정책 결정자들과 정치인들에게 요청하는 것만으로 '진짜' 변화는 일어나지 않았어요. 우리는 기후 위기 속에서도 안전하고 행복한 일상을 보장받고 싶었어요. 그래서 한국에서도 기후 소송을 통해 사법적으로 기후 행동을 끌어 낼 수 있는지를 고민하기 시작했어요. 이 과정에서 기후 위기 대응에 공감하는 변호사들을 만나 소송을 통해 기후 위기 대응이 가능한지를 검토하기 시작했지요.

생각보다 빠르게 답을 찾았어요. 헌법상 우리에게는 안전하고 존엄하게 살아갈 권리가 있는데, 정부의 정책은 우리의 권리를 보장하기에 너무 부족하다는 게 명확한 사실이었으니까요. 그래서 기후 소송을 시작했습니다. 그리고 5년의 시간이 지났어요. 오랜 시간이 끝에 기후 소송은 판결이 났고, 많은 변화가 시작되었습니다.

이 책은 기후 위기 속에서 우리의 권리를 인정받기까지 많은 사람들이 노력한 과정, 연대한 즐거운 시간들을 소송에 직접 참여했던 변호사의 시선으로 차근차근 풀었어요. 이 이야기를 통해 지금 우리가 함께 할 수 있는 일들을 더 많이 찾을 수 있기를 바랍니다.

2025년 5월

기후 헌법 소원 청구인, 청소년기후행동

헌법 재판소 선고 낭독문

사건	2020헌마389	저탄소 녹색성장 기본법 제42조 제1항 제1호 위헌확인
	2021헌마1264(병합)	기후위기 대응을 위한 탄소중립·녹색성장 기본법 제8조 제1항 위헌확인
	2022헌마854(병합)	기후위기 대응을 위한 탄소중립·녹색성장 기본법 시행령 제3조 제1항 위헌확인
	2023헌마846(병합)	제1차 국가 탄소중립 녹색성장기본계획 위헌확인
청구인	김○○ 외 253	
공동심판참가인	강○○	

이 사건은, ① 정부가 온실가스 감축목표를 설정하도록 한 구 '저탄소 녹색성장 기본법' 조항(이를 '구 녹색성장법 조항'이라 합니다), 이에 따른 온실가스 감축목표로서, ② 2030년 국가 온실가스 총 배출량을 배출전망치 대비 100분의 37까지 감축하도록 규정한, 2016. 5. 24. 개정된 구 '저탄소 녹색성장 기본법 시행령' 조항(이를 '2016년 구 녹색성장법 시행령

조항'이라 합니다), ③ 2030년 국가 온실가스 총배출량을 2017년의 온실가스 총배출량의 1000분의 244만큼 감축하도록 규정한, 2019. 12. 31. 개정된 구 '저탄소 녹색성장 기본법 시행령' 조항(이를 '2019년 구 녹색성장법 시행령 조항'이라 합니다), ④ 정부가 '국가 온실가스 배출량을 2030년까지 2018년 국가 온실가스 배출량 대비 35퍼센트 이상의 범위에서 대통령령으로 정하는 비율만큼 감축하는 것'을 '중장기 국가 온실가스 감축 목표'로 하도록 규정한, '기후위기 대응을 위한 탄소중립·녹색성장 기본법' 조항(이를 '탄소중립 기본법 제8조 제1항'이라 합니다), ⑤ 위 조항에서 '대통령령으로 정하는 비율'을 40퍼센트로 규정한 '기후위기 대응을 위한 탄소중립·녹색성장 기본법 시행령' 조항(이를 '탄소중립기본법 시행령 제3조 제1항'이라 합니다), ⑥ 정부가 2023. 4. 11. 수립한 '제1차 국가 탄소중립 녹색성장 기본계획' 중 2023년부터 2030년까지의 부문별 및 연도별 배출·흡수량의 목표치를 설정한 'V. 중장기 감축 목표' 가운데 '나. 부문별 감축목표' 부분 및 '다. 연도별 감축목표' 부분(이를 '이 사건 부문별 및 연도별 감축목표'라 합니다), ⑦ 위 기본계획 중 'Ⅶ. 재정계획 및 기대효과' 가운데 '1. 재정투자 계획' 부분(이를 '이 사건 재정계획'이라 합니다)에 관한 것입니다.

먼저 주문을 선고하고, ① 이 사건 부문별 및 연도별 감축목표 외의 심판청구 부분과 참가신청에 대한 법정의견의 요지는 이은애 재판관께서, ② 재판관 이종석, 이은애, 이영진, 김형두의 이 사건 부문별 및 연도별 감축목표에 대한 기각의견의 요지는 이은애 재판관께서, ③ 재판관 김기영,

문형배, 이미선, 정정미, 정형식의 이 사건 부문별 및 연도별 감축목표에 대한 위헌의견의 요지는 문형배 재판관께서, 설명을 하겠습니다.

(이 사건 부문별 및 연도별 감축목표 부분에 대해서는 청구인들의 환경권을 침해하여 위헌이라는 것이 재판관 5인의 의견이지만 헌법소원 인용결정의 정족수에 미달하므로 주문과 같이 결정합니다.)

주문

1. 기후위기 대응을 위한 탄소중립·녹색성장 기본법 제8조 제1항은 헌법에 합치되지 아니한다. 위 법률조항은 2026. 2. 28.을 시한으로 개정될 때까지 계속 적용된다.

2. 기후위기 대응을 위한 탄소중립·녹색성장 기본법 시행령 제3조 제1항, 정부가 2023. 4. 11. 수립한 제1차 국가 탄소중립 녹색성장 기본계획 중 'V. 중장기 감축목표' 가운데 '나. 부문별 감축목표' 부분 및 '다. 연도별 감축목표' 부분에 대한 심판청구를 모두 기각한다.

3. 청구인들의 나머지 심판청구와 공동심판참가인의 공동심판참가 및 보조참가 신청을 모두 각하한다.

[이 사건 부문별 및 연도별 감축목표 외의 심판청구 부분과 참가신청에 대한 법정의견] (재판관 이은애)
먼저 참가신청 및 부적법한 청구 부분에 대하여 보겠습니다.

공동심판참가신청인의 주장은 기후변화에 대한 적응과 관련된 교정처우에 관한 것으로, 공동심판참가와 보조참가의 신청 모두 그 요건을 갖추지 못하여 부적법합니다.

구 녹색성장법 조항과 2016년 및 2019년 구 녹색성장법 시행령 조항은 탄소중립기본법 제8조 제1항과 같은 법 시행령 제3조 제1항이 2022. 3. 25. 각각 시행됨으로써 폐지되었고, 국가의 중장기 온실가스 감축목표가 다시 설정되어 더 이상 청구인들을 비롯한 국민에게 적용될 여지가 없게 되었으며, 이로써 감축 기준이 상향되고 그 형식과 관련 조항들의 체계도 변경되었습니다.

위 조항들에 대한 심판청구 부분은 주관적 권리보호이익이 소멸하였고, 헌법적 해명이 필요하다고 볼 수도 없으므로, 부적법합니다.

이 사건 재정계획은 예산에 관한 중장기적인 계획을 정한 것일 뿐, 국민의 기본권에 직접적 영향을 미치는 공권력행사라고 보기 어려우므로, 이에 대한 심판청구 부분도 부적법합니다.

다음으로, 탄소중립기본법 제8조 제1항 및 같은 법 시행령 제3조 제1항에 대하여 보겠습니다.

탄소중립기본법 제8조 제1항과 같은 법 시행령 제3조 제1항이 설정한 2030년까지의 중장기 감축목표로서 국가 온실가스 배출량을 2018년 대비 40퍼센트만큼 감축한다는 감축비율의 수치만으로는, 전 지구적 온실가스 감축 노력의 관점에서 대한민국이 기여해야 할 몫에 현저히 미치지 못한다거나, 기후변화의 영향과 온실가스 배출 제한의 측면에서 미래에 과중한 부담을 이전하는 것이라고 단정하기 어렵습니다.

연도별 감축목표의 이행현황 점검이나 배출권거래제 등 배출량 목표 달성을 보장하기 위한 수단들과 관련하여, 매년 정량적 감축목표가 달성되지 않은 경우 추후의 감축목표에 미달성 부분을 추가하는 규율이 법률에 명시되어 있지 않다는 이유만으로, 탄소중립기본법 제8조 제1항의 온실가스 감축목표 설정 방식이 온실가스 감축을 실효적으로 담보할 수 있도록 설계되지 않은 것으로 볼 수도 없습니다.

그러나 탄소중립기본법 제8조 제1항에서 2031년부터 2049년까지의 감축목표에 관하여 어떤 형태의 정량적 기준도 제시하지 않은 것은, 같은 조 제4항의 온실가스 감축목표 재설정 주기나 범위 등 관련 법령의 체계를 살펴보더라도, 2050년 탄소중립의 목표 시점에 이르기까지 점진적이고 지속적인 감축을 실효적으로 담보할 수 있는 장치가 없으므로, 미래에 과중한 부담을 이전하는 방식으로 온실가스 감축목표를 규율한 것입니다. 구체적인 감축목표를 정할 때 단기적일 수도 있는 정부의 상황 인식에만 의존하는 구조로는 온실가스 감축정책의 적극성 및 일관성을 담보하기 어렵습니다.

따라서 탄소중립기본법 제8조 제1항은 2031년부터 2049년까지의 감축목표에 관하여 그 정량적 수준을 어떤 형태로도 제시하지 않았다는 점에서, 기후위기의 위험상황에 상응하는 보호조치로서 필요한 최소한의 성격을 갖추지 못하였으므로 과소보호금지원칙을 위반하였습니다.

탄소중립기본법 제8조 제1항에서 2030년까지의 감축목표에 대하여 2030년을 목표연도로 한 2018년 대비 감축비율의 하한만 법률에서 정하고, 구체적인 감축비율의 수치는 대통령령에 위임하고 감축의 경로는 정부가 설정하는 부문별 및 연도별 감축목표에 따르도록 한 것은 법률유보원칙을 위반한 것으로 볼 수 없습니다.

그러나 중장기적인 온실가스 감축목표와 감축경로를 계획할 때에는 매우 높은 수준의 사회적 합의가 필요하다는 점, 미래세대는 민주적 정치과정에 참여하는 것이 제약되어 있다는 점과 관련하여 입법자에게 더욱 구체적인 입법의무와 책임이 있음을 고려할 때, 2031년부터 2049년까지의 감축목표에 관하여 대강의 정량적 수준도 규정하지 않고 이에 관해 정부가 5년마다 정하도록 한 것은, 의회유보원칙을 포함하는 법률유보원칙을 위반한 것입니다.

탄소중립기본법 제8조 제1항은 과소보호금지원칙 및 법률유보원칙에 반하여 기본권 보호의무를 위반하였으므로 청구인들의 환경권을 침해합니다. 다만, 위 조항의 규범영역 전부에 대한 효력을 상실시킬 경우, 2050년의 탄소중립 목표 시점 이전에 존재하는 정량적인 중간 목표가 사라지므로, 오히려 온실가스 감축에 관한 제도적 장치가 후퇴하는 더욱 위헌적인 상황이 발생하게 되며, 2031년부터 2049년까지의 정량적인 온실가스 감축목표의 수준을 어떻게 정할지 등에 관해서는 입법자에게 광범위한 입법형성의 권한이 있습니다.

따라서 탄소중립기본법 제8조 제1항에 대해서는, 기후위기의 긴급성에 비추어 온실가스의 급속한 감축을 위해 노력하고 관련 정책의 방향을 늦지 않게 제시할 필요성, 입법자가 2031년부터 2049년까지의 정량적인 온실가스 감축목표의 대강에 관한 사회적 합의를 도출하는 데에 필요한 시간 등을 종합적으로 고려하여 2026. 2. 28.을 시한으로 개선입법이 있을 때까지 계속 적용을 명하는 헌법불합치결정을 선고합니다.

탄소중립기본법 시행령 제3조 제1항은 같은 법 제8조 제1항의 위임을 받아 2030년 중장기 감축목표의 구체적인 비율의 수치를 정한 것일 뿐이므로, 과소보호금지원칙에 반하여 기본권 보호의무를 위반하였다고 볼 수 없어 청구인들의 환경권 등 기본권을 침해하지 않습니다.

[재판관 이종석, 이은애, 이영진, 김형두의 이 사건 부문별 및 연도별 감축목표에 대한 기각의견] (재판관 이은애)
먼저 이 사건 부문별 및 연도별 감축목표가 감축경로 및 감축수단에 관하여 과소보호금지원칙을 위반하였는지에 관하여 보겠습니다.

이 사건 부문별 및 연도별 감축목표는, 각 부문별 감축수단의 선택과 조정에 관련된 정부의 권한 행사에 위법사유 또는 명백한 재량일탈을 발견하기 어려우므로, 그에 따라 형성되는 감축경로의 형태만으로 미래에 과중한 부담을 이전한 것으로 단정할 수 없습니다.
또한, 전체적인 감축 후의 배출량 목표치를 2021년에 국가결정기여 상향안을 마련할 당시와 동일하게 유지하면서 산업 부문과 탄소포집·이용·저장(CCUS) 및 국제감축 부문의 비중을 조정한 것을 이유로, 탄소중립기본법 제8조 제1항 및 같은 법 시행령 제3조 제1항이 설정한 중장기 감축목표를 달성할 수 없도록 설계되었다고 단정할 수도 없습니다.

따라서 이 사건 부문별 및 연도별 감축목표는 감축경로 및 감축수단에 관한 계획을 수립하는 관점에서는 기후위기라는 위험상황에 상응하는 보호조치로서 필요한 최소한의 성격을 갖추지 못하였다고 보기 어려우므로, 과소보호금지원칙을 위반하였다고 할 수 없습니다.

다음으로, 이 사건 부문별 및 연도별 감축목표가 배출량 목표치 산정 방식에 관하여 과소보호금지원칙 또는 법률우위원칙을 위반하였는지 여부에 관하여 보겠습니다.

탄소중립기본법 제8조 제1항은 그 자체로 '총배출량', '순배출량'이 아닌 '배출량'이라는 용어를 사용하고 있을 뿐이고, 같은 법 시행령 제3조 제1항 역시 배출량에 대한 언급 없이 그 감축비율만을 40퍼센트로 규정하고 있으며, 그 밖에 탄소중립기본법 및 같은 법 시행령에서 사용되는 '배출량'의 의미를 정의하거나 그 산정 방식을 구체화한 규정은 없습니다. 이와 관련하여 같은 조항에서 동일한 용어를 사용하였다고 하더라도, 그러한 용어를 사용한 맥락에 따라서 다른 의미로 새길 수도 있습니다.

이 사건 부문별 및 연도별 감축목표에서의 '배출량(합계)' 표시는, 탄소중립기본법 및 같은 법 시행령에서 배출량의 의미를 정의하지 않은 상황에서 우리나라가 제출한 국가결정기여에 기재된 내용과 대체로 일치하는 방향으로 기준연도 배출량을 총배출량으로, 목표연도 배출량을 순배출량으로 산정한 것입니다.

우리나라는 탄소중립기본법 제정으로 폐지된 구 녹색성장법 등에서 2030년의 국가 온실가스 감축목표를 설정하고 그 이행을 위한 노력을 지속적으로 해왔으므로, 구법에서 정한 '기준연도의 총배출량 기준'을 새로운 법에서도 유지할 필요가 있습니다. 2050년까지 탄소중립을 목표로 하고 있고 이를 달성하기 위한 중간 목표인 2030년의 '배출량'은 이에 상응하여 '순배출량'으로 해석하는 것이 타당한 것으로 보이나, 2018년은 이미 지나간 시점으로 단지 특정목표의 달성 여부를 측정할 때 비교 대상으로서의 의미만 가지므로, 법문이 '배출량'이라고만 하였는데도 이를 반드시 '순배출량'으로 새겨야 할 당위는 없습니다.

이 사건 부문별 감축목표에 비교 기준이 되는 2018년의 '배출량(합계)' 부분에 '흡수 및 제거' 부분을 반영하지 않은 '총배출량'만을 기재함으로써 산림 노령화 등의 영향으로 온실가스 흡수량이 줄어드는 추세를 반영하지 못하는 결과가 된다 하더라도, 우리나라가 국가결정기여에 2018년도 기준 온실가스 배출량에 관해 흡수원 부문을 제외하였음을 명시한 이상, 위와 같은 사정만으로 파리협정이 추구하는 '투명성'에 반한다고 볼 수는 없습니다.

탄소중립기본법 제7조 제1항이 2050년까지 '탄소중립'이라는 목표를 설정한 이상, 같은 법 제8조 제1항 및 같은 법 시행령 제3조 제1항이 정한 40퍼센트라는 수치는 탄소중립으로 나아가는 중간 단계이고, 향후 수립될 행정계획을 종합하여 2050년까지 탄소중립을 달성할 가능성이 열려 있으므로 설령, 이 사건 부문별 및 연도별 감축목표의 '배출량(합계)'을 '순배출량'으로 통일하는 경우에는 40퍼센트에 다소 못 미치는 감축목표 가 설정된다고 하더라도 국가가 환경권의 보호를 위한 '최소한의 보호조 치도 다 하지 않았다'고 판단하기는 어렵습니다.

따라서 탄소중립기본법 제8조 제1항을 해석함에 있어 2018년의 '배출량 (합계)'은 총배출량으로, 목표가 되는 2030년의 '배출량(합계)'은 순배출 량으로 해석하면 안 된다는 명확한 근거가 없으므로, 위와 같은 해석에 기초하여 40퍼센트라는 부문별·연도별 감축목표를 설정한 이 사건 부 문별 및 연도별 감축목표는 탄소중립기본법 제8조 제1항 및 같은 법 시 행령 제3조 제1항 등 법령에 위반되지 않으며, 이 사건 부문별 및 연도별 감축목표가 기후위기 해소를 지향하면서 기후위기를 완화하기 위한 구 체적 목표를 일응 합리적으로 설정하고 있는 이상 과소보호금지원칙에 도 반하지 않습니다.

[재판관 김기영, 문형배, 이미선, 정정미, 정형식의 이 사건 부문별 및 연 도별 감축목표에 대한 위헌의견] (재판관 문형배)
이 사건 부문별 및 연도별 감축목표가 감축경로 및 감축수단에 관하여 과소보호금지원칙을 위반하지 않았다는 점에 대해서는, 앞의 재판관 4인 의 기각의견과 견해를 같이 합니다.

그러나 이 사건 부문별 및 연도별 감축목표는 배출량 목표치 산정 방식에 관하여 다음과 같은 이유로 과소보호금지원칙 또는 법률우위원칙을 위반하였습니다.

탄소중립기본법 제8조 제1항은 하나의 조항에서 '국가 온실가스 배출량'이라는 동일한 용어를 2018년도와 2030년도에 관하여 두 번 사용하면서 다른 설명은 붙이지 않았으므로, 이러한 법률조항의 문언에 따르면 양자의 '배출량' 기준을 달리할 수 없고, 감축의 비율을 정한 계산식의 측면에서도 입력되는 값과 산출되는 값의 기준이 다를 수는 없습니다.

탄소중립기본법의 체계와 입법목적 등에 비추어 보면, 정부가 부문별 및 연도별 감축목표를 설정할 때에는, 기준연도와 목표연도의 '국가 온실가스 배출량' 수치를 산정하면서 양자 모두 '순배출량'을 기준으로 하는 것이 합리적으로 보이는데, 과학적·정책적으로 기준점과 목표점의 수치 산정 기준을 달리하면 합리적인 감축경로가 관리되지 않습니다.

이 사건 연도별 감축목표의 흡수원 부문 수치를 보면, 목표연도에 이르기까지 흡수량이 감소하는 것으로 되어 있으므로, 만약 기준 연도에는 흡수량을 반영하지 않고 목표연도에만 반영한다면, 실제로는 흡수량이 줄었음에도 흡수량이 늘어서 '국가 온실가스 배출량'이 감축된 것과 같은 왜곡이 발생하게 되는데, 이는 파리협정이 추구하는 '투명성'에 반하고 그만큼 다른 부문의 실질적인 감축 노력을 강화하는 데에도 장애가 됩니다.

이 사건 부문별 및 연도별 감축목표에서 설정한 2030년의 국가 온실가스 배출량 목표치는, 탄소중립기본법 제8조 제1항의 '국가 온실가스 배출량'을 모두 '순배출량'으로 해석하는 경우 2018년 대비 36.4%만큼을,

'총배출량'으로 해석하더라도 2018년 대비 29.6%만큼을 감축하는 것이되어, 어느 모로 보나 탄소중립기본법 제8조 제1항 및 같은 법 시행령 제3조 제1항이 설정한 40%의 감축비율에 미치지 못합니다. 그러므로 이 사건 부문별 및 연도별 감축목표는 탄소중립기본법 제8조 제1항 및 같은 법 시행령 제3조 제1항에서 설정한 2030년까지의 중장기 감축목표를 달성할 수 없도록 설계되었고, 이것은 각 부문의 감축목표 비중과 감축경로의 형태와 무관합니다. 이 사건 부문별 및 연도별 감축목표는 기후위기에 대한 완화 조치를 규율하는 법적인 제도로서의 실효성을 확보하지 못하였습니다.

이 사건 부문별 및 연도별 감축목표에서 정부가 채택한 '기준연도 총배출량·목표연도 순배출량'의 배출량 목표치 산정 방식은, 탄소중립기본법 제8조 제1항에서 입법자가 온실가스 감축목표를 정량화한 체계를 자의적으로 변경하여 기후위기를 완화하는 보호조치의 수준을 낮추는 것이므로, 이와 같은 정부의 법률해석은 받아들일 수 없습니다.

따라서 이 사건 부문별 및 연도별 감축목표는, 배출량 목표치 산정 방식의 관점에서 기후위기의 위험상황에 상응하는 보호조치로서 필요한 최소한의 성격을 갖추지 못한 것으로 과소보호금지원칙을 위반하였거나, 또는 탄소중립기본법 제8조 제1항에서 온실가스 감축목표를 정량화한 체계를 정부가 자의적으로 변경하여 보호조치의 수준을 낮춘 행정계획으로서 법치행정의 법률우위원칙을 위반하였습니다.

온실가스 감축대책의 관리와 진전에 있어서는 감축목표의 정량적 수준을 설정하는 것이 중요한 만큼, 이미 설정된 정량적 수준을 제대로 측정하는 것도 중요합니다. 이를 제대로 측정하지 않고 그 수치를 왜곡할 경우, 감축대책을 제대로 관리할 수 없다는 것은 자명하기 때문입니다.

이 사건 부문별 및 연도별 감축목표는 국가 온실가스 배출량의 목표치 산정 방식에 관하여 기본권 보호의무를 위반하였으므로 청구인들의 환경권을 침해합니다.

다만, 그 효력을 바로 상실시킬 경우, 이를 기초로 계획된 개별적인 온실가스 감축대책들이 그 정량적 목표를 잃게 되어 오히려 온실가스 감축에 관한 제도적 장치가 후퇴하는 더욱 위헌적인 상황이 발생하게 되며, 각 부문별 및 연도별 배출량 목표의 수치를 어떻게 조정할지에 대해서는 정부에게 광범위한 행정계획 형성의 권한이 있습니다.

따라서 이 사건 부문별 및 연도별 감축목표에 대해서는 취소결정은 하지 않는 것이 타당하고, 청구인들의 환경권을 침해하여 위헌임을 확인하는 결정을 선고해야 할 것입니다.

우리는 기후 위기를 끝낼 거야

초판 1쇄 인쇄 2025년 5월 15일
초판 1쇄 발행 2025년 5월 23일

글 이병주 **그림** 안난초
펴낸이 김선식

부사장 김은영
어린이사업부총괄이사 이유남
책임편집 최유진 **디자인** 남정임 **책임마케터** 신지수
어린이콘텐츠사업4팀장 강지하 **어린이콘텐츠사업4팀** 남정임 최방울 최유진 박슬기
어린이마케팅본부장 최민용 **어린이마케팅2팀** 최다은 신지수 심가윤 **기획마케팅팀** 류승은 박상준
미디어홍보본부장 정명찬
편집관리팀 조세현 김호주 백설희 **저작권팀** 성민경 이슬 윤제희
재무관리팀 하미선 임혜정 이슬기 김주영 오지수
인사총무팀 강미숙 이정환 김혜진 황종원
제작관리팀 이소현 김소영 김진경 이지우 황인우
물류관리팀 김형기 김선진 주정훈 양문현 채원석 박재연 이준희 이민운

펴낸곳 다산북스 **출판등록** 2005년 12월 23일 제313-2005-00277호
주소 경기도 파주시 회동길 490 **전화** 02-704-1724 **팩스** 02-703-2219
다산어린이 공식 카페 cafe.naver.com/dasankids
종이 스마일몬스터 **인쇄 및 제본** 한영문화사 **코팅 및 후가공** 제이오엘앤피

ISBN 979-11-306-6655-6 (43300)